Katinka Buddenkotte

IHR WISST DOCH GAR NICHT, WAS IHR DENKT!

Katinka
Buddenkotte

IHR WISST DOCH GAR NICHT, WAS IHR DENKT!

SATYR
VERLAG

1. Auflage Oktober 2023

© Satyr Verlag Volker Surmann, Berlin 2023
www.satyr-verlag.de

Cover: Jussi Jääskeläinen, www.kobaia-design.com
Korrektorat: Matthias Höhne
Druck und Bindung: CPI Books, Leck
Printed in Germany

Die Deutsche Nationalbibliothek verzeichnet diese Publikation in der Deutschen Nationalbibliografie; detaillierte bibliografische Daten sind im Internet abrufbar über: http://dnb.d-nb.de

Abdruck von »Der Tod trägt Locken« mit freundlicher Genehmigung aus Katinka Buddenkotte: »Früher war wenigstens Sendeschluss. Film und Fernsehen für Fortgeschrittene« © 2017 Penguin Verlag, München, in der Penguin Random House Verlagsgruppe GmbH.

Die Marke »Satyr Verlag« ist eingetragen auf den Verlagsgründer Peter Maassen.

ISBN: 978-3-910775-02-2

Inhalt

Alle Künstler glauben, sie seien Hochstapler.
Nur die besten wissen, dass sie welche sind.
(Wahrscheinlich von mir)

Ihr wisst doch gar nicht, was ihr denkt! – Ein Vorwort

Im Sommer hege ich des Öfteren den Verdacht, dass ich ein Schafskäse bin. Zumindest vom Aszendenten her. Entweder man legt mich für drei Monate in Salzlake ein, bevorzugt in die Ägäis, und nur drei Monate später werde ich von der Öffentlichkeit als genießbar, bisweilen sogar als köstlich empfunden, oder ich hocke im eigenen Saft in der stickigen Bude herum und strahle Entsorgungsbedarf aus. Aber Bücher müssen dort geschrieben werden, wo das Elektrogerät nicht ins Wasser fallen kann. Am Abend des Tages, als ich dieses Buch fertig geschrieben hatte, fühlte ich mich nach ausgelassenem Feiern in vertrauter Gesellschaft. Also lud ich meinen Freund zum Essen ein, mediterran, damit wir beide noch einmal den Unterschied zwischen mir und echtem Schafskäse festhalten konnten. Eselsbrücke: Ich komme auch ganz gern im Fleischmantel daher, passe aber nicht auf handelsübliche Teller.

Wir saßen im Außenbereich des Restaurants, am Nebentisch überhörte ich das Gespräch, was sich zwischen einer dreiköpfigen Speisegruppe entspann. Anlass zur Erregung gab offenbar die »Dalmati-Platte«. Genauer gesagt, die Ungenauigkeit, in der die vegetarische Wenigkeit dieses üppigen Ensembles auf der Karte beschrieben wurde. So schrillte die jüngere der beiden Damen im warnenden Quietschton: »Da ist ein Beilagensalat dabei! Aber was denn für einer, warum steht das nicht da? Iiih, hoffentlich sind da keine Tomaten drin. Wenn ja, müssen die da raus! Ich hasse Tomaten. Tomaten finde ich ekelig!« Ihre Sitznachbarin sagte nur: »Mit geht's ja so mit Pilzen.« Beider Begleiter gestand spontan: »Mir mit Katzen.«

Es hätte eine angenehme oder vielleicht auch lehrreiche Stille entstehen können, aber natürlich beschwerte sich jemand: »Wäre es vielleicht möglich, solche Gespräche nicht zu führen, *nachdem* ich mein Buch zu Ende geschrieben habe?! Jetzt muss ich da noch mal ran, danke auch.«

Mein Freund gab mir unser Geheimzeichen, um mich darauf aufmerksam zu machen, dass ich das laut gesagt hatte: Er stand auf und ging sich die Beine vertreten, wobei er grob in Richtung Venezuela abzudriften schien.

Ich wollte ihn schon aufhalten, aufgrund der Jahreszeit, aber die Anti-Tomaten-Pilze-Katzen-Front nahm mich ins Kreuzfeuer: »Schreiben Sie uns etwa jetzt in Ihr Buch rein?« »Geht das überhaupt noch? Dürfen Sie das?« »Und was schreiben Sie denn da über uns?« »Darf ich mich noch mal umziehen, bevor Sie mich da reinschreiben? Nur so obenrum, ein Jäckchen drüber, man will ja nicht unbedingt mit nackigen Armen in so ein Buch!« »Was für ein Buch soll das denn überhaupt werden?«

Das waren verdammt viele Fragen und keine davon war unberechtigt. Die meisten davon hätte ich mir wahrscheinlich stellen sollen *vor* Manuskriptabgabe. Aber dann erinnerte ich mich daran, dass das Schreiben von Büchern etwas Magisches ist. Genauer gesagt, ist mein Verleger und Lektor ein geduldiger Hexenmeister, der noch jede Buchstabensuppe, die ich bei ihm abgeliefert habe, in einen festen Einband gezaubert hat. Dafür wollte ich ihm ja auch noch gedankt haben, und zwar ...

»Im Vorwort! Sie kommen jetzt mit Ihrer Tomaten-Pilz-Katzen-Geschichte ins Vorwort rein. Das geht nämlich schwuppsdiwupps, wenn man das draufhat mit dem Schreibprogramm! Und das hat er, der Herr Surmann! Das ist ein Teufelskerl an der Computertastatur, und überhaupt. Grammatik, Rechtschreibung, Satzbau, you name it! Der könnte Ihnen, jetzt in diesem Moment, schon ein Jäckchen über die Arme korrigieren und es genauso schnell wieder löschen. Was er tun würde! Denn erstens ist es viel zu heiß dafür, zweitens möchte ich nicht, dass sich irgendwer seiner Oberarme schämt! Schon gar nicht in meinem Buch!«

»Also sind wir jetzt drin, in dem Buch? Direkt vorne? Geil! Moment, kann ich noch jemanden grüßen?«, fragte der Mann, der sich eben noch gegen Katzen im Salat aussprach. Oder war es generell im Essen? Man muss exakt arbeiten als Schriftstellerin. Auch juristisch.

»Ja, grüßen Sie, aber bitte nicht über drei Zeilen hinweg, jeden, den Sie kennen, okay?«

»Okay. Also, hallo Ingrid, hallo Willi! Ich bin's, der Sven! Ihr werdet es nicht glauben, aber ich sitze hier gerade mit Jutta und Anja vor dem Restaurant, wo wir damals mit den Bergers deren Silberhochzeit gefeiert haben! Ja, genau, da am Kreisel, wo es links auf die B8 geht, und jetzt sind wir alle in einem Buch drin! Aber was sag ich euch, ihr lest das ja gerade. So, dann noch schönen Urlaub, ne! Und keine Sorge, euren Balkonpflanzen geht es gut, die Jutta hat die täglich gegossen. Morgens und abends. Da hat der Herr Surmann sich drum gekümmert, dass die das richtig gemacht hat. Richtig gemacht haben wird.«

»Stopp!«, brülle ich. »So geht das nicht. Das muss alles wieder raus!«

»Aber warum?«, fragt Jutta. »Die Ingrid freut sich bestimmt darüber, wenn ihre Pflanzen doch nicht eingegangen sind. Und ich muss keine neuen kaufen. Gekauft haben. Hätte gekauft haben müssen. Sagen Sie mal, ist das immer so kompliziert mit dieser Zeitverschiebung in Ihren Büchern?«

»Ach, das bügelt der Surmann schon wieder gerade, der Typ ist top«, lässt Sven uns wissen. Obwohl er recht hat, scheint er zu verdrängen, welchen Anteil ich an diesem Buch habe. Zum Beispiel habe ich aus Datenschutzgründen seinen Namen geändert, damit er mich nicht verklagt. Außerdem: »Also entweder ›bügelt‹ der Surmann das ›aus‹ oder er ›biegt es gerade‹! Schiefe Metaphern und falsche Bilder mag der nämlich gar nicht, da passt der auf wie ein Fuchs ...«

»Danke, Anja, was ganz Ähnliches wollte ich auch gerade sagen. Ich meine: schreiben. Leute, ihr bringt mich noch ganz durcheinander hier. Also: Ihr seid jetzt alle im Vorwort drin, Ingrid und Willi auch. Sogar die Bergers. Was die Balkonpflanzen angeht, Jutta, würde ich an deiner Stelle der Ingrid gegenüber ehrlich sein. Sag ihr, dass es dir leidtut, aber die konnte ja auch wirklich nicht erwarten, dass du bei der Affenhitze da jeden Tag in die Dachwohnung hochklabasterst, um ihre Geranien zu tränken! Bei dreißig Grad im Schatten ist auch mal Schluss mit Nachbarschaftshilfe!«

»Nanana, Frau Autorin, Sie können aber auch nicht alles auf das Wetter schieben. Da fällt mir auf: Duzen wir uns jetzt eigentlich oder siezen wir uns?«, fragt Sven. Für jemanden, für den ich mir noch nicht einmal einen Nachnamen ausgedacht habe, verhält er sich recht forsch. Wahrscheinlich ist es an der Zeit, mich von der gesamten Bagage zu verabschieden, bevor die noch in die restlichen Texte überschwappt. Jutta hat jedoch andere Pläne: »Also, wenn wir uns jetzt wieder siezen, dann bin ich die Frau Rüschmann ...!«

»Auf gar keinen Fall! So heißt meine Nachbarin von gegenüber, das ist Datenklau! Sie sind nicht Frau Rüschmann!«

»Ich denke schon«, behauptet Jutta, die gleich ganz aus dem Buch fliegt. Dann muss halt jemand anderes grundlos Tomaten verachten, da finde ich schon wen.

»Also ich denke, Sie sind viel zu bekloppt, um ein Buch zu schreiben. Jedenfalls nicht so, dass normale Leute das auch verstehen«, quengelt Anja. Noch ein Wort von ihr und ich dichte ihr einen Daunenmantel an, bis zu den Fesseln, und zwar in ... Neonocker!

»Ach komm, Anja, wer ist denn bitte normal? Also die Ingrid bestimmt nicht, aber die freut sich trotzdem über die Grüße in dem Buch, denke ich. Wie lautet denn eigentlich der Titel?«

»IHR WISST DOCH GAR NICHT, WAS IHR DENKT!«, brülle ich.

Und das hilft. Endlich sind alle still. Jutta, Sven, Anja, mein Freund, die nette Kellnerin und der nicht ganz so nette Kellner schauen mich von oben herab an. Was daran liegen mag, dass ich auf dem Boden liege. Mein Gesicht fühlt sich nass an. Und schmeckt salzig: »Bin ich ein Schafskäse geworden?«

»Nein, nur ohnmächtig. Komm, ich helf dir hoch«, sagt mein Freund. Er reicht mir die Hand, als ich wieder auf den Füßen stehe, prasseln ein paar Cevapcici von mir herab. Ich werde den nicht so netten Kellner zeitnah umschreiben müssen. Er wird ein geistesgegenwärtiger, aufopfernder Restaurantteilhaber sein, wie er im Buche steht, der eine zum Glück nur lauwarme Dalmati-Platte geopfert hat, um eine dehydrierte Schriftstellerin vor einem Schädelbruch zu bewahren.

»Die bezahlen Sie aber auch«, bestimmt mein Held von eben. So schnell verliert man sein Trinkgeld, für die gesamte vergangene Woche, nachträglich. Mein Freund sagt: »Ich habe dich aufgefangen, dann erst hat er die Platte fallen lassen. Und dann haben wir dir alle zusammen den Beilagensalat ins Gesicht gekippt, weil du so dehydriert warst. Und es hat ja auch geholfen.«

»Ich hätte den eh nicht gegessen, da waren Tomaten drin«, sagt Anja.

»Und Pilze«, wirft Jutta ein.

Ich sage: »Sag jetzt nichts, Sven. Bitte. Wenn wir jetzt Schluss machen, können wir den Text retten. Und: Danke für den Titel, Leute. Der hat mir noch gefehlt.«

Wir mussten die Dalmati-Platte dann doch nicht bezahlen. Aber nur, weil ich versprochen habe, den Namen des Restaurants nicht zu nennen. Und niemals wieder dorthin zu kommen. Obwohl alle Speisen dort köstlich sind. Sie veranstalten auch Feiern aller Art. Alle Gerichte auf Wunsch ohne Schafskäse. Und garantiert katzenfrei.

Dieses Angebot gilt nur bis zum Ende des Vorworts, welches Sie hiermit erreicht haben. Gleichzeitig erlischt für Sie als Leser*in die Möglichkeit, sich mit Ihren Anmerkungen, Dialogen, Namen und Titelvorschlägen einzubringen. Es besteht allerdings die Möglichkeit und dringende Empfehlung, für den Rest der Lektüre Ihr persönliches Kopfkino eingeschaltet zu lassen. Danke. Und Grüße auch von mir.

Zu Hause ist da,
wo man nichts versteht

Ich war – und bin noch immer – ein wenig neidisch auf Menschen, die bilingual aufwachsen. Immer, wenn ich an einem Spielplatz vorbeigehe, auf dem ein Dreijähriger seiner Mutter brüllend mitteilt: »I don't wanna go nach Hause, I wanna spiel on die Holzthing alone, denn it's meins! All meins!«, dann weiß ich, dass dieses Toddlerkleinkind schon seinen Weg machen wird. Egal ob als Haustyrann oder auf internationalem Parkett, die Welt steht ihm offen. Die zwei sich einander ja gar nicht so fremden Zungen kriegt er beizeiten auch noch auseinandergepflückt und falls nicht, wird er halt Werbetexter für *Eurowings*.

All diese Chancen boten sich meinen Geschwistern und mir nie. Denn wir wuchsen mindestens dreisprachig auf. Irrwitzigerweise behaupten unsere Eltern bis heute, dass es sich bei mindestens einer von diesen um Hochdeutsch gehandelt habe. Denn, so lautet ihre Argumentation, »wie hättet ihr denn sonst alle das Abi schaffen können, hä?«

Tja, man weiß es nicht, aber mittlerweile, mehr als ein Vierteljahrhundert nachdem ich zum allerletzten Mal bei meinen Eltern ausgezogen bin, habe ich diverse Theorien aufgestellt, wie wir die Hürden zur Hochschulreife genommen haben könnten. Allen ist gemein: Elegant geht anders. Aber das ist quasi unser Familienmotto.

Denn bei uns zu Hause galt vielleicht nicht das Gesetz des

Dschungels, aber doch das Gesetz des »Dschungelbuchs«. Klingt harmlos, aber wenn man den Niedlichkeitsfaktor der Disney-Version herausrechnet und nach Westfalen verlegt, bleibt in der Essenz ein gemischtes Rudel teils sehr dickfelliger Säugetiere. Deren Kommunikationsversuche untereinander durch Lautstärke und Showeinlagen nicht weniger verwirrend auf ein Menschenjunges wirkten.

Wir wussten zwar, dass unsere Eltern uns liebten, ahnten aber auch früh, dass die vielfältigen Verständigungsschwierigkeiten nicht nur akustischer Natur, sondern auch erblich waren. Als wir herausfanden, dass unsere Oma die Mutter meines Vaters war, wurde uns einiges klar, vieles aber noch undurchsichtiger: Denn meine Oma war eine gebildete, pragmatische, dabei herzensgute, aber vor allem: eine große Frau. Nicht nur für ihre Generation. Sie maß einen Meter zweiundachtzig, hielt sich stets gerade und ihr schlohweißes Haar zu einem Dutt gebunden. Außerdem trug sie zu jeder Jahreszeit Kleider aus einem Stoff, der mindestens Brokat gewesen sein muss, gerne in morbiden Erdtönen. Sie hatte etwas Imposantes an sich. Wie eine vertikal aufgestellte Couch, aus deren oberem Ende die Füllung, aber auch unendliches Wissen quoll. Letzteres blieb mir leider meist verborgen, denn meine Oma sprach bevorzugt auf Masematte.

Masematte ist, so steht es im Lexikon, ein regionaler Soziolekt, der aus den Arbeitervierteln von Münster stammt und zu den Dialekten des Rotwelschen gehört. Das Schöne an Masematte ist, dass nur etwa fünftausend Wörter in dieser Sprache existieren. Aus denen sich fast ausschließlich Sätze bilden lassen, mit denen man sich über begangene oder geplante Straftaten austauschen kann. Bestenfalls eignet sich Masematte noch dazu, dem Bodyshaming eine inklusive

Note zu verleihen, weil man geschlechtsneutral gleichberechtigt beleidigen kann. Eine »Schlör« ist zum Beispiel eine unangepasste Dame mit erkennbaren Lücken im Tagesablauf, aber Kerle können ebenfalls »schlören«, also rumschlampen. Wenn ein Mann das nicht tut, also einer bezahlten Tätigkeit nachgeht, ist er automatisch »Freier«. Je nach Berufszweig mit erklärender Vorsilbe. Ein »Schockfreier« ist zum Beispiel jemand, der andere in deren Freizeit »schockt«, also unterhält, sprich: ein Kirmesangestellter. Allein wenn es um die wirtschaftlich wirklich wichtigen Positionen geht, weist Masematte wenig subtil darauf hin, dass diese maskulin besetzt sind. Ein »Schallermann« ist demnach ein Musiker, mit der Auszeichnung »Schautermann« wird ein Trinker bezeichnet. Nicht zu verwechseln mit »Schauer«, was auch wieder »Mann« bedeutet, wohingegen das Wort »Schauermann« aber keinen besonders männlichen Mann bezeichnet, sondern einen überdurchschnittlich dämlichen.

Natürlich könnte ich mir im Nachhinein einreden, dass meine Oma eben eine gegen den Gendergap gangsterrappende Grandmother Flash war, ihrer Zeit weit voraus.

Aber die Wahrheit ist, dass ich zu beschäftigt damit war, ihr zuzusehen, statt ihr zuzuhören. Wenn sie in Rage geriet, brachen die Sätze in schauerlichen Schocks aus ihr heraus. Und man gerät leicht in Rage, wenn man sich mit einem leger sitzenden Gebiss in einer Sprache ausdrücken muss, in der kaum ein Wort ohne »sch« auszukommen scheint. Mir fällt da, außer dem schon erwähnten »Freier«, spontan nur noch »Keilof« ein, was »Hund« bedeutet.

Die unter diesen Aspekten strategisch sinnvolle Familienplanung meiner Eltern bestand darin, dass nicht ihr letztes, sondern ihr erstes Kind Fell haben sollte. Meine Geschwister und ich wurden demnach nicht direkt von Wölfen großgezogen, aber über weite Strecken von einem Keilof.

Wotan, unser äußerst loyaler und vor allem: saugfähiger Spitzmix stellte sich stets schützend zwischen Oma und uns. Sie ereiferte sich dann über: »Schofle waschnurken schiek pannebusch blisch schaffutkern«, was entweder bedeuten konnte, dass sie einen bis dato unentdeckten Übersetzungsfehler in der Luther-Bibel aufgespürt hatte, oder auch, dass unsere Großtante beim Scrabbeln beschiss. Man weiß es nicht.

Ich glaube, selbst meine Eltern ahnten nur manchmal, was Phase war, vielleicht rieten sie auch, aber meist blufften sie nur. Die beiden hatten immer schon verdammt gute Pokersätze drauf, wie zum Beispiel: »Sollen wir dann später trotzdem die leeren Wasserkästen mitnehmen, Mami?« oder auch: »Du guckst den Leuten nur vorn Kopp.« In dieser Zeit entwickelte mein Vater auch seinen Signature-Spruch, mit dem er sich bis heute in jede noch so abseitige Unterhaltung zurückmeldet, nämlich: »Besser als umgekehrt.«

Unsere Besuche bei Oma jedenfalls endeten, wenn es dem Hund zu feucht wurde. Dann fing er an zu bellen. Daraufhin schrien wir. Unsere Eltern schrien lauter. Meine Oma schrie am lautesten. Wiederum auf Masematte. Ja, es waren feuchtfröhliche Nachmittage damals und um das klarzustellen: Meine Oma war toll. Sie hat mir das Schreiben beigebracht. Dank ihr kann ich die Uhr lesen, muss es aber nicht. Denn man weiß ja: Es ist Zeit, nach Hause zu gehen, wenn der Hund tropft.

Und zu Hause ist da, wo ein singender Bär es mit Gemütlichkeit versucht und seine Frau durch die Wohnung pantert, weil sie es nicht fassen kann, dass alle ihre Menschenjungen

Hebe- und Senkkombinationen drauf, die allesamt »ungläubige Bestürzung« ausdrücken können, bevor sie verbal nachlegt. Und etwas sagt wie: »Ich meine doch, es heißt ›vollendete Tatsachen‹, oder?«

Mein Vater war derweil längst bei der Zusammenfassung der Kulturberichterstattung angekommen und schon auf halber Strecke zurück: »Felicità ... dada...da...da... Was hast du gesagt? Vollendet? Ja sicher, was sonst. Was habe ich denn gesagt?«

»Verendet!«

»Wer ist verendet, der Ackermann? Ging's jetzt doch so schnell? Na ja, er hat ja noch den Bruder, den schlörigen Schautermann ...«

»Der Ackermann doch nicht. Die Tatsachen!«

»Welche? ›Felicità‹? Von wem ist das Lied noch mal im Original? «

»Das ist das Original!«

»Sicher? Ich dachte wohl, die hätten das halt *verändert* ... Felicità – tatataaa – tatatata ...!«

»Du hast ›*verendete* Tatsachen‹ gesagt, nicht ›*veränderte*‹!«

»Wäre aber auch gegangen. Finde ich sogar schöner als das Original ... Felicità!«

Dann schlugen wir alle die Köpfe auf den Tisch. *Veränderte Tatsachen*, nicht zu verwechseln mit den erst viel später erfundenen *Fake News*. Und das war nur die Spitze des Eisbärs. Ich habe dieses Beispiel gerade in einer sehr zurückgenommenen Lautstärke aufgeschrieben. Denn natürlich lief das Radio weiter, bis Fernsehen anfing. In anderen Familien mag eine beklemmende Stille am Mittagstisch bedeuten, dass während der gesamten Mahlzeit nur jenes leise Kratzen zu hören ist, welches ein stumpfes Messerchen verursacht, wenn es Kartoffelbreireste schüchtern vom Grund des Tellers schabt, während im Hintergrund der Kühlschrank dräuend schnurrt. Wenn bei uns am Mittagstisch mal jemand länger als zwei Minuten am Stück nichts von sich gegeben hat, schrien die anderen vier bange: »Ist jemand gestorben?« Dann musste man schnell und laut zugeben: »Nein, ich habe nur gerade gekaut. Entschuldigung!« Die Restfamilie verzieh so ein Verhalten dumpf grunzend.

Tischmanieren waren wichtig, fielen vom künstlerischen Wert in dieselbe Kategorie wie Weihnachtsgedichte. Es reichte, wenn man sie auswendig gelernt hatte, dennoch bestand keinerlei Not, sie außerhalb der Saison im privaten Rahmen vorzutragen. Im rauen Alltag ging es um Geschwindigkeit, nicht nur bei der Nahrungsaufnahme, sondern auch in den Nebenfächern.

Rückblickend glaube ich, dass mein jüngerer Bruder die Lage wesentlich besser eingeschätzt hat als wir. Von seinem Hochstühlchen aus hat er relativ still beobachtet und dabei seine Chancen ausgelotet. Dann hat er die eingesparte Energie gebündelt, um an uns vorbeizupreschen. Von einem Moment auf den anderen wurde aus dem behäbigen Wonneproppen, der sich, wenn überhaupt, robbend durch die Wohnung bewegte, ein aufrecht gehender, meist sogar rennender junger Mann, der laufend redet, und zwar beides wesentlich schneller als ich. Inhalte sind ihm dabei willkommen, Themengebiete interessieren ihn zwar, begrenzt sind diese jedoch nie. Mein Bruder kann in zwanzig Minuten den kompletten Inhalt von Netflix nacherzählen und nebenbei drei Dutzend Kör Royäl mixen. Sein Wechsel vom Hochstuhl auf die Hochschule geschah so rasant, dass ich vermuten muss: Mein Bruder hat mich auch beim Abitur einfach überholt.

Dafür spricht, dass ich ihn während meiner Oberstufenzeit nicht in der Schule gesehen habe. Aber vielleicht waren meine Augen einfach zu träge.

Ich habe in der Schule auch viel verpennt. Diese Ruhe, gerade bei Klausuren. – Herrlich! Und da ich im Schlaf gerne mal spreche, habe ich in den sogenannten »Laberfächern« wohl trotzdem punkten können. Den Mathematik-Grundkurs bestand ich durch eher praxisbetonte Mitarbeit, mein Verständnis für Zahlen blieb so begrenzt, wie ich es beim Lesen der Uhr gelernt hatte.

Irgendwann jedoch erhärtete sich der Verdacht, dass nicht jeder, der ab und zu die Tafel putzte, dafür mit fünf Punkten in Stochastik belohnt wurde. Viel wahrscheinlicher erschien es mir, dass das gesamte Kollegium kein gesteigertes Interesse daran hatte, mich noch ein weiteres Jahr durch ihr Institut zu schleusen. Am Tag meiner mündlichen Abiturprüfung in Biologie erreichte dieser Verdacht Diamantstatus. Die Jury bestand aus all meinen vier ehemaligen Naturwissenschaftslehrer*innen, die mir allesamt etwas zu ermutigend zuzwinkerten, als ich den Raum betrat. Ich zwinkerte entmutigend zurück. So einfach wollte ich es ihnen nicht machen. Nur weil sie mir mehrfach die Lücken gezeigt hatten, auf die es sich zu lernen gelohnt hätte, war ich weder bestechlich noch bestechend. Zu unserem Abschied wollte ich sie ein wenig zappeln lassen:

Es fing an wie zuvor besprochen: »Katinka, was können Sie uns denn über Sichelzellen-Anämie erzählen?«

Nun, es gab kaum etwas, was ich nicht über diese erbliche Erkrankung der roten Blutkörperchen erzählen konnte. Homozygot. Heterozygot. Ist eine ernste Sache. Die aber die Abwehr gegen Malaria stärken kann. Genau wie: Gin! Wobei es eigentlich das Tonicwater ist, in dem die Wirkstoffe stecken. Und war es nicht ein Zufall, dass ich ausgerechnet an diesem tropisch warmen Tag eine Gelegenheit bieten könnte, gemeinsam eine Praxiserfahrung zu durchleben, und das ganz ohne lästige Fiebermücken?

Bevor ich meine kleinen Erfrischungen aus der mitgebrachten Kühlbox anbieten konnte, bestand das Komitee darauf, dass ich noch ein weiteres Rätsel aus der wunderbaren Welt der Biologie löste. Ich hatte auf eine Mammutaufgabe gehofft, also: großklotzig in der Gegend stehen und Schachtelhalm abgrasen. Zur Not hätte ich auch noch ein wenig getrötet, aber nein, im Gegenteil: Man hatte sich eine fiese kleine Gemeinheit ausgedacht, nämlich Gene.

Mein Biologielehrer wollte mit mir über Genetik reden, obwohl er meine gesamte Familie kannte. Ich berief mich auf mein Recht, nichts auszusagen, was mich oder engste Angehörige belasten könnte. Mein Biologielehrer aber vertraute darauf, die Angelegenheit ohne Anwälte zu regeln. Er bat mich erst höflich, dann inständig, doch einfach mal so ein Gen an die Tafel zu malen. Dann würde es mir vielleicht leichter fallen, dessen Aufbau zu erläutern. Ich sah auf die Uhr. Schon fünf vor Micky Maus. Um fünf nach wäre der Zauber hier vorüber, ganz egal, wie es ausgehen würde. Und niemand kann länger als eine Minute über Genetik reden, schon gar nicht als Betroffene.

Also nahm ich die Kreide zur Hand. Prüfte diese, wie ich es beim Billard gelernt hatte. Dann drehte ich mich zur Tafel hin und zeichnete los. Einen Strich. Gut zehn Zentimeter lang, relativ gerade. Dann fiel mir ein, woher ich kam: aus einer Familie, in der Wissen geteilt wurde, und zwar direkt. Auch wenn es nur äußerst rudimentär oder gar nicht vorhanden war. Also drehte ich mich wieder um und unterrichtete die Jury über den aktuellen Stand der Dinge: »Das wäre jetzt so'n Gen. Auszugsweise. Und natürlich stark vergrößert.«

Es folgte Stille. Dann das Geräusch von vier Köpfen, die auf Tischplatten schlagen. Dann aber: Kichern, Gelächter, Gackern, Hysterie! Applaus bis kurz nach Micky Maus,

Als ich zu Hause berichtete, wie ich satte dreizehn Punkte in Biologie abstauben konnte, kommentierte meine Kernfamilie unisono: »Besser als umgekehrt.«

Auf diese Weise habe ich also das Abitur erlangt. Mit so einem durchschnittlichen Notendurchschnitt, dass ich mein Abgangszeugnis nie wieder vorzeigen musste. Bei einem Bewerbungsgespräch zählen die Softskills, vor allem aber die Kommunikationsfähigkeit. Nervosität ist unvermeidbar, aber auch relativ leicht niederzuringen. Man muss sich nur sagen, dass jeder Mensch nur aus einem Haufen Gene besteht. Auch der Personalchef, der einem gegenübersitzt, ist nur ein unvollkommener Kreidestrich, entstanden während eines Blackouts, und auch er zeigt nur einen winzigen Auszug seines gesamten Wesens, natürlich stark vergrößert. Mit dieser Einstellung ist man so gut wie eingestellt, vorausgesetzt, man sagt sich diese Dinge vor dem Vorstellungsgespräch und nicht währenddessen, laut zur Begrüßung. Aber wie wichtig ein Soundcheck ist, lernt man eben nicht in der Schule, sondern erst auf der Bühne.

Die Mauer in unseren Müttern

Letzte Woche Mittwoch habe ich die Mauer in unseren Köpfen abgerissen. Noch vor der Mittagspause. Nicht ganz allein, drei Kolleginnen haben mir dabei geholfen. Sie stammen sämtlich aus den neuen Bundesländern und konnten schon laufen, sprechen und waren teils schon jugendgeweiht, als die andere Mauer fiel. Natürlich sagt man das längst nicht mehr, »neue Bundesländer«, aber solange alle sofort wissen, welche damit gemeint sind, beweist das ja, dass wir mental noch ziemlich eingemauert sind. Beziehungsweise waren, bis letzten Mittwoch. Zwei meiner drei Kolleginnen leben mittlerweile längst in den alten, richtigen Bundesländern, die dritte lebt schon immer in Berlin. Fast zufällig hatte sich da also eine Expertinnenkommission gebildet, die lediglich geplant hatte, per Videocall einen Termin für eine gemeinsame Lesung zu finden, und schwups haben wir den Nächstostkonflikt gelöst. Oder wenigstens herausgefunden, weshalb da immer noch so viele Vorurteile bestehen, von beiden Seiten aus. Seiten, die es ja seit über dreißig Jahren gar nicht mehr geben sollte, aber so eine Jugend in der DDR, die prägt halt schon, das kann ich nach vielen intensiven Gesprächen mit meinen Kolleginnen nicht mehr leugnen. Die mussten halt viel früher viel selbstständiger sein und gleichzeitig wurde denen mehr zugetraut, auch körperlich. Ich hingegen durfte als Kind beim Frühstück nicht einmal das große Messer benutzen, um mir ein Brötchen durchzuschneiden. Ich durfte lange Zeit überhaupt keine Messer benutzen. Auf den ebenen Brötchenhälftenflächen, die mein Vater für uns zuschnitt, ließ sich sehr weiche Butter auch mit den Fingern verstreichen, als rebellischer Teenager griff ich zu Frühstücksflocken: pur und zu jeder Mahlzeit. Ich habe also früh gelernt, mir die Rosinen herauszupicken, aber eben auch, wie ich die eigenen Schwächen als die Stärken anderer verkaufen kann. Ganz groß bin ich darin, Aufgaben großzügig zu verteilen.

Nachdem meine Kolleginnen und ich bei unserer Online-Konferenz gemeinsam festgezurrt hatten, welche von ihnen Werbung, Kostenplan, Förderantragstellung und Catering übernimmt, oblag es mir, das logistische Feintuning anzusprechen: »Und wer von euch holt mich vom Bahnhof ab und bringt mich zum Hotel? Es ist ja gefährlich da drüben, gerade bei Tageslicht, und mein Handy wird wahrscheinlich leer sein ...«

Ich spürte ein gewisses generelles Unverständnis gegenüber meiner Liebe zum Detail, wollte das Gespräch jedoch nicht unnötig in die Länge ziehen. Meine Kolleginnen sind schwer beschäftigte Menschen. Alle ziehen Kinder in unterschiedlichsten Größen auf neben ihren Vollzeitjobs als Autorinnen. Um ihnen zu vergewissern, dass ich auch ihrer Parallellebenswelt durchaus gewahr war, verbschiedete ich mich subtil mit den Worten: »Ach, das findet sich schon und ich hab jetzt eh noch einen weiteren Termin im Anschluss. Ich muss gleich noch meine Mama anrufen.«

Die Kolleginnen wirkten erheitert, allerdings nicht über die Erwähnung meines angeblichen Anschlusstermins. Sondern darüber, mit wem der stattfinden sollte. Genauer gesagt, störten sie sich am Wording: »Echt, du sagst ›Mama‹ zu deiner Mutter? Ist ja süß. Das erklärt einiges ...«

Ich fand diese Aussage eher deftig: »Was soll ich denn sonst zu ihr sagen? ›Mutti‹ vielleicht?«

Und die anderen drei meinten: »Ja, natürlich! Was denn sonst? ›Mama‹ sagen doch nur ganz kleine Kinder! Spätestens ab dem Hort gehört sich das nicht mehr. Erwachsene Menschen sagen ›Mutti‹ zu ihrer Mutter. Vorausgesetzt, sie reden noch mit der.«

Wahnsinn, dachte ich, dreißig Jahre seit der Wiedervereinigung und selbst die Klügsten leben noch im Tal der Ahnungslosen. Ich überlegte, wie ich den bisher geschätzten Kolleginnen die Fakten behutsam näherbringen sollte. Ich entschied mich für Schonungslosigkeit. Irgendwer musste es ihnen nach drei Jahrzehnten schließlich mal erklären: »Es sagen nur komische Kinder ›Mutti‹ zu ihrer Mutter. Und wenn aus diesen komischen Kindern verkorkste Männer werden, sagen die dann ›Mutti‹ zu ihrer unterdrückten Ehefrau. Das geschieht übergangslos.«

Meine Kolleginnen waren entsetzt, aber nicht gänzlich ungläubig: »Oh, dann ... erklärt das vielleicht auch einiges. Also gab es wohl während der gesamten Regierungszeit von Angela Merkel völlig unterschiedliche Erwartungen an die Bundeskanzlerin. Auch in Regierungskreisen.«

Wir ließen das erst mal so sacken, jede für sich, und verabredeten uns für die nächste Woche. Um dann zu sehen, was noch zu retten ist, mamamuttimäßig.

Ich rief meinen Anschlusstermin an und unterrichte meine Mutter von meinem großen Erfolg auf dem Gebiet der Völkerverständigung. Sie gab sich zunächst unbeeindruckt: »Ich wollte nie, dass ihr mich ›Mama‹ nennt.«

Das überraschte mich: »Aber wie denn dann?«

Ich konnte durch das Telefon spüren, wie meine Mutter mit den Augen rollte: »Auch bestimmt nicht ›Mutti‹! Bei meinem Vornamen halt.«

Ich kenne den Vornamen meiner Mutter. Zum Beweis nannte ich ihn ihr. Sie wirkte verärgert: »Nee, so doch nicht. So nennt mich doch niemand.«

Ich versuchte es mit ihrem Spitznamen, den mein Vater und der engere Freundeskreis nutzen.

»Nein, den auch nicht«, quengelte meine Mutter. »Das klingt komisch, wenn du das sagst. Dann lieber ›Mama‹.«

Ich notierte mir, dass ich nach siebenundvierzig Jahren weiterhin dazu befugt war, meine Mutter »Mama« zu nennen, und informierte sie, dass ich diese Information sauber abtippen, in Vertragsform fassen und ihr einen Durchschlag zur Unterschrift zukommen lassen würde.

Sie wurde schnippisch: »Sonst hast du nichts zu tun, Katinka? Nicht vielleicht die Steuererklärung machen, den Vermieter anrufen, dein Büchlein schreiben?«

Es ist einerseits beruhigend zu wissen, dass meine Mutter mir doch zuhört, wenn ich aus meinem Leben erzähle, andererseits merke ich, wenn etwas völlig anderes an ihr nagt, etwas, was sowohl mein als auch ihr Leben nur peripher betrifft. »Was ärgert dich gerade wirklich, Mama?«, wollte ich also wissen.

Hier ein Gedächtnisprotokoll unseres restlichen Telefonats, was der Nachwelt als inoffizielle Regierungserklärung erhalten bleiben möge:

»Was mich ärgert? Die Formel 1 ärgert mich! Also, das ist doch wirklich nur noch bekloppt. Was soll das? Diese Umweltverschmutzung, dieses elende Gebrömme, diese Ressourcenverschwendung! Aber verbieten kannste es denen ja nicht, oder? Dann heißt es wieder: ›Aber die Arbeitsplätze, die da dranhängen!‹ Ja, dann sollen die sich andere Arbeitsplätze suchen, die paar Männeken, die da die Reifen abschrauben! Die werden doch mit Kusshand genommen, in jeder Autowerkstatt! Und das wäre auch noch krisensicher, denn E-Autos haben ja auch Reifen, nicht? Eben. Aber nein, bloß nichts ändern, bloß keine Kompromisse: Wenn die wenigstens nur drei, vier Runden fahren würden pro Rennen. Dann hätten die alle den Rest des Nachmittags noch Zeit, oder? Für den Haushalt und die Familie. Die können ja für den Rest des Nachmittags Hausaufgabenbetreuung machen, da auf dem Nürburgring. Oder den Kindern Fahrradfahren beibringen. Du, dann kannst du aber dabei zugucken, wie schnell da plötzlich Kitaplätze geschaffen würden, das schwöre ich dir! Dann finden die plötzlich irgendwo Geld, um die Erzieherinnen und Erzieher vernünftig zu bezahlen, die bekommen vielleicht noch eine Siegerprämie zum Diplom, wie die Rennfahrer! Könnte auch in der Pflege funktionieren, wobei: Man muss da noch früher ansetzen: Warum verteilt man das Kindergeld nicht nach echtem Bedarf? Bestverdiener und Eltern, die selbst ein Vermögen geerbt haben, bekommen bei Fortpflanzung nichts mehr dazu, Geringverdiener dafür, was ein Kind wirklich pro Monat kostet! Und erzähl mir jetzt nicht, dass die Leute dann lieber ein Kind nach dem anderen in die Welt setzen, statt arbeiten zu gehen! Das machen ja wirklich nur die ganz Bescheuerten, die gar nicht rechnen können. Oder auch nur zählen. Ich meine, hätte man ja vor sechs, sieben Jahren mal nachzählen können, wie viele Kinder hier geboren werden, die irgendwann eingeschult werden müssen, oder? Nein, ist niemandem aufgefallen, der dafür zuständig ist. Vielleicht hätte man die Geburt eines Kindes besser beim TÜV anmelden sollen statt beim Standesamt, dann wäre es vielleicht durchgesickert. Das dann alles auf die Zuwanderung schieben und die Geflüchteten, weißte? Dann weiterhin viel Erfolg beim Fachkräfte-aus-dem-Ausland-Anlocken! Ich sag da nur: ›Kommen Sie nach Deutschland, verzweifeln Sie am miesen Internet und pflegen Sie Menschen, die ihre Ehefrauen ›Mutti‹ nennen, während wir zum Dank Ihre Kinder verblöden lassen!‹ So, ich muss jetzt zum Bridge. Sonst rege ich mich nur auf, tschüss.«

»Tschüss, Mama«, sagte ich noch und war ganz froh, dass meine Mutter schon aufgelegt hatte. Bevor ich fragen konnte, ob ihr Ausbruch unter Umständen damit zu tun hatte, dass sie ihre neuen Hörgeräte ausprobieren wollte, um im Fernsehen Tennis zu gucken. Und die Hörgeräte sehr wohl funktionierten, aber statt Tennis die Formel 1 übertragen wurde. Aber selbst wenn dem so gewesen sein sollte, bin ich seit diesem Gespräch der Meinung, dass wir das Ruder noch rumreißen könnten: mit Mama statt Mutti. Wahrscheinlich benötigen wir dazu auch keine sechzehn Jahre, der grundsätzliche Plan steht ja, siehe oben. Außerdem schaffte meine Mutter das ja zeitlich gar nicht und mittwochs könnten keine Kabinettssitzungen stattfinden, da hat sie ja immer Bridge.

Da könnte ich aber notfalls einspringen, dachte ich, während ich mein Brötchen auslöffelte. Immerhin hatte ich schon vor der Mittagspause drei Jahrzehnte Aufbau Ost nachgeholt und gleichzeitig noch ein Taxi zum Hotel so gut wie gesichert, für einen Auftritt, der erst in einem halben Jahr in Dresden stattfinden würde, wenn auch nur vielleicht. Nachhaltig und für alle Eventualitäten planen, das sind doch die Kernkompetenzen, auf die es in der Zukunft ankommt!

Am Nachmittag habe ich dann nicht mehr viel auf die Reihe bekommen, weil ich den Löffel wieder geradebiegen musste, der an der harten Kruste meines Brötchens gescheitert war. Die schlimmsten Versäumnisse eines jeden Systems zeigen sich ja oft erst Jahrzehnte später.

Schwanz ohne Hund

Ich sitze im Waschsalon, schaue auf mein Handy und stelle mit Entsetzen fest: Ich bin eine Frau mittleren Alters. Also, Ersteres wusste ich schon länger, aber das mit dem mittleren Alter musste ich erst googeln. Es stimmt. Laut *Wikipedia* wurde ich im Jahr 1976 geboren. 86, 96, 2006, 2016 ... Es ist also wahr. Trotzdem mag ich es nicht glauben. Ich meine: Welche mittelalte Frau sitzt denn am helllichten Tag im Münzwaschcenter »Eko-Frisch«, hält sich viereinhalb Finger vor die Nase und fängt an zu heulen? Momentan bin ich die einzige. Zum Glück. Unfug, das war kein Glück, sondern das Ergebnis von weitsichtiger Karriereplanung. Dank geschickter Berufswahl habe ich jede Menge Tagesfreizeit und meist auch das nötige Kleingeld, um diesen Waschsalon stundenweise exklusiv nutzen zu können. Er ist mein Homeoffice, mein Refugium. Hier komme ich her, wenn ich nachdenken muss, aber eben nicht zu deep.

Und das funktioniert, indem ich beim Nicht-zu-doll-Denken auf das bunte Treiben im Trockner starre. Es geht zwar mächtig rund hinter der Glasscheibe, aber der Plot ist nicht allzu komplex und am Ende hat man frische, saubere Wäsche, die man wieder vollhaaren kann. »The circle of life«, wie man so sagt. Moment: Vielleicht bin ich gar keine mittelalte Frau, sondern doch eher eine Perserkatze. Nein. Katzen haben keine Mobiltelefone. Lohnt sich nämlich gar nicht, wenn man keine Daumen hat. Und Katzen haben keine Daumen, habe ich extra noch mal gegoogelt. Ich aber schon. Und ein internetfähiges Handy. Und damit lässt sich jede Menge Unheil anrichten. Nicht nur von meiner Seite aus.

Aktuell verzweifle ich zum Beispiel daran, dass ein fremder Mensch mir ein Foto geschickt hat, per WhatsApp. Ich gehe davon aus, dass der Fremde ein Mann ist und das Foto ein Selbstporträt. Also, eher eine Teilansicht. Genauer gesagt: Jemand hat sein Teil mit mir geteilt. Verdammt, ich habe ein Dickpic geschickt bekommen. Von einer mir unbekannten Nummer. Und keine Ahnung, wie ich mich jetzt verhalten soll, als mittelalte Frau. Niemand hat mich darauf vorbereitet, was zu tun ist, wenn man plötzlich einen Penis kriegt. Einen mittelmäßig belichteten, zweidimensionalen. Ohne Mann dran. Oder sonstige Anmerkungen. Wie reagiert die mittelalte Dame von Welt da angemessen?

Bilder vom eigenen Gemächt zu verschicken, das gab es zu meiner Zeit nicht. Oder doch? Haben die Herren der Schöpfung damals, in der analogen Wüstenei des vorigen Jahrtausends, etwas Vergleichbares betrieben? Soweit ich mich erinnere, wurden Zettelchen im Klassenzimmer herumgereicht, auf denen gefragt wurde: »Willst du mit mir gehen?«, aber die Ankreuzmöglicheiten beschränkten sich auf »Ja«, »Nein« und »Vielleicht«. Da hat doch kein Fünftklässler als Antwort D noch seinen Penis hingekritzelt, gar mit dem Vermerk: »Abbildung ähnlich«. Oder doch? Habe ich vielleicht die beste Zeit meines Lebens nicht voll ausgekostet, weil ich auf kitschige Liebesschwüre hoffte, die mich in Form von Gedichten erreichen würden? Und so die ausdrucksstarken Lichtbilder übersehen, die die liebestollen Knaben in meine Schulbücher schmuggelten? Bin ich vielleicht nur deswegen so lange ein abstinentes Wesen geblieben, weil ich nicht unfassbar cool, sondern nur blind und blöd war?

Die Antwort lautet: Höchstwahrscheinlich ja und ich bin weiterhin froh darüber. Trotzdem muss ich mich jetzt ehrlich fragen: Wie war das damals wirklich, als alle anderen von den Hormonen überrannt wurden und die Technologie mühsam hinterherhinkte und ich selbst nebenher...honkte? Gab es da Jungspunde, die sich im Passbildautomaten am Bahnhof entblößten, um Viererserien Ihres Gliedes zu schießen, die sie dann an die holde Weiblichkeit verteilten? Existierten fernab meines naiven Blickes sogar ganz andere Subkulturen, also solche, die *wirklich* underground waren? Junge Männer, die obenrum vielleicht Punks, Hippies, Popper und Gruftis waren, aber südlich der Gürtellinie Polaroid-Poser. Die ihr gesamtes Taschengeld für die teuren Filme verballerten? Oder auch die verklemmten Sparfüchse, die heimlich im Familienurlaub kurz in die Badehose knipsten? Und die Mamis Lieblinge waren, weil sie immer freiwillig zur Drogerie fuhren, um die entwickelten Filme abzuholen? Was war mit den Freaks, die immer in der Dunkelkammer des Jugendzentrums rumhingen? Um dort angeblich mit Blende, Körnung und Linse zu experimentieren, bis das Motiv perfekt ausdrückte, was es ausdrücken sollte, nämlich: »Ich bin ein selbstverliebter Schweineigel, der seine privaten Sauereien aus dem kommunalen Bildungsetat finanziert?«

Oh, hoffentlich ist das Dickpic wirklich von einem Fremden! Nicht, dass da gleich eine zweite Nachricht hinterherkommt, in der dann steht: »Oh, hallo Katinka, Björn hier. Sorry, das Bild eben war für die Jenny bestimmt, nicht für dich. PS: Ach, und ich habe eine neue Nummer, kannste ja schon mal speichern, wir sehen uns dann ja am nächsten Samstag beim Brunch, tschö.« Dann müsste ich auswandern. Ich könnte diesem Mann nie wieder in die Augen sehen. Sondern müsste ihm ständig in den Schritt starren. Und das wäre dann komisch, komischerweise. Um sicherzugehen, dass das Bild nicht doch von einem Bekannten kam, öffne ich es noch einmal. Hm. Schwierig. Wie heißt es in den Krimis immer, wenn die Polizei das Bild eines Verdächtigen dem Bahnhofspersonal zeigt: »Ich bin mir nicht sicher, Sir. Kann sein, dass er hier gewesen ist. Aber es kommen täglich Dutzende von der Sorte vorbei und ich verkaufe ja nur die Fahrscheine.«

Nein, das ist es nicht, was ich denke, als ich mir das Bild ansehe. Nicht ganz. Es ist eher so, dass ich an meinen ehemaligen Chef denken muss, damals in der Werbeagentur. Wenn wir da nach einem neuen Slogan gesucht haben, wollte der nicht meine hundert Vorschläge hören, sondern sagte: »Katinka, ein guter reicht. Und wenn du einen wirklich guten hast, spürst du es sofort und vergisst den ganzen Rest.« Nennt mich romantisch verklärt, aber genauso geht es mir mit Penissen. Ich habe einen sehr guten. Zu Hause. An dem auch das ganze Drumherum stimmt. Ehrlich gesagt gefällt mir das Gesamtarrangement so gut, dass ich da gar nicht mehr so genau auf dieses eine Detail achte. Ich meine, ich freue mich immer, wenn ich ihn sehe, und vertraue meinem Mann, dass er ihn stets dabeihat. Aber ich durchwühle doch nicht seine Hose, um das zu überprüfen. Das zerstört doch das Vertrauen in einer Beziehung.

Dennoch kann ich mit Sicherheit sagen: Der auf dem Foto ist nicht meiner. Er gehört nicht zu mir. Denn auch im offensichtlich freudig erregten Zustand ist dieses Exemplar eher mickrig. Obwohl, das kann an der Größe meines Displays liegen. Ich getraue mich aber nicht, das Teil größer zu ziehen.

Ist ja nicht meins. Löschen und vergessen mag ich es aber auch nicht einfach. Denn obwohl hier offenbar ein Missverständnis vorliegt, was die Adressatin angeht, weiß der Absender das ja nicht. Am besten whatsappe ich einfach zurück: »Hallo, du hast die falsche Nummer erwischt. Lieben Gruß, Katinka.« Äh, nein. Dann hat der Typ ja meine Nummer *und* meinen Namen. Und von dem, was ich bisher über ihn weiß, ist der ja ein ganz klein wenig versaut oder zumindest schwer verpeilt. Dann ballert der mich mit seinem Lümmel zu und irgendwann ist mein Speicher damit vollgelümmelt. Also anonym zurückschreiben: »Kein Interesse, danke.« Mist, geht auch nicht. Dann könnte der womöglich nur verschusselte Absender denken, seine Angebetete hätte ihm gerade einen Korb gegeben! Dabei wären sie und er vielleicht das perfekte Paar geworden und hätten wunderbare Kinder gezeugt, von denen eins ein Heilmittel gegen Krebs gefunden hätte. Haben können.

Man kennt ja diese Geschichten von den Königskindern, die durch tragische Missverständnisse oder mittelalte Frauen nicht zueinanderfanden. Es bricht mir das Herz, dass gerade irgendwo in einem Turmzimmer eine schmachtende Schönheit bangt und fleht: »Ach, würde er mir nur ein Zeichen senden, dass er auch mich liebt! Würde bloß mein Handy bimmeln, auf dass ich seinen Bommel sähe, dann hätt ich Gewissheit: Er ist mein und ich bin sein!« Könnte ja sein.

Viel wahrscheinlicher ist aber, dass dieses Bild von einem Schwanz ein Schuss ins Blaue war, der sich also an keine schon bestimmte Person, sondern an viele potenziell Bedürftige richtete. Ist nicht verboten bei WhatsApp, soweit ich weiß. Auf Facebook allerdings schon. Da darf man keine nackigen Fortpflanzungsorgane posten. Obwohl dieses hier dort bestimmt besser aufgehoben wäre als in meinem Handy. Ist schon traurig. Die ganze Angelegenheit und das Foto an sich auch. Das Einzige, was trauriger ist als ein Hund ohne Schwanz, ist schließlich ein Schwanz ohne Grund.

Moment. Da fällt mir was ein: Schwanzlose Hunde darf man zeigen auf Facebook. Sehe ich da ohne Ende, gerade im Sommer. Menschen, die dauernd in den Urlaub fliegen, aber nicht so großkotzig wirken wollen, wie sie in echt sind, haben Streuner als Stilmittel entdeckt. Angekommen in der Karibik locken sie einen invaliden Köter unter einer Palme hervor, halten die Kamera drauf – treue Hundeaugen im Fokus, Sonnenuntergang im Hintergrund – und drücken ab. Dann veröffentlichen sie das Foto und schreiben dazu: »So wunderschön Cabarete auch ist, mit dem Tierschutz ist es hier nicht weit her. Wir sind tief berührt, traurig, aber auch dankbar, dass diese kleine Fellnase nicht aufgibt. Trauriges Emoji, Gefaltete-Hände-Emoji, Lachende-Sonne-mit-Sonnenbrille-Emoji.«

Ich muss mich immer sehr, sehr, *sehr* zurückhalten, dass ich nicht mit dem kotzenden Emoji darauf reagiere. Aber die Kommentare, die die Filterblase dieser Menschen daraufhin bei Facebook unter den schwanzlosen Hund spuckt, sind für mich gerade pures Gold, eine wahre Schatzkammer, die sich perfekt ausrauben lässt, um ein Dickpic zu beantworten: »Oh, der ist ja supersüß! Ich wünschte, ich könnte den nehmen! Aber wir sind ja hier schon zu viert mit unseren Rackern, da fehlt einfach der Platz, es kracht ja jetzt schon aus allen Nähten! Sorry.«

Das ginge schon, aber vielleicht doch lieber: »Der ist ja niedlich, sieht genau aus wie mein Schlawiner, als er noch ganz klein war, Herzchen, Herzchen, Herzchen.«

Auch ein schlichtes »Ist der denn schon geimpft und entwurmt?« wäre denkbar, oder die sachliche und doch herzliche Variante: »Ich wüsste vielleicht eine Pflegestelle für das arme Kerlchen, aber das wäre nur übergangsweise.« Wäre auch nicht schlecht. Oder auch: »Leider habe ich ja diese doofe Allergie, sooo sorry.«

Nein, ich denke, ich habe meinen Favoriten gefunden: »Oh, den will man ja nur streicheln und knuddeln und ganz doll lieb haben. Wenn ich wüsste, dass er sich mit meiner Mieze versteht, würde ich ihn sofort holen!« Oh, das ist gut!

Das würde nur noch getoppt vom moralischen Standardwerk, der Mutti aller Schwanzlose-Hunde-Bilder-Kommentare: »Es ist abscheulich, wozu sogenannte ›Menschen‹ in der Lage sind. Diese kleinen Kerle werden von unverantwortlichen Arschlöchern abgerichtet und teilweise geschlagen, um sie scharf zu machen – aus reiner Profitgier. Wenn die dann nicht kämpfen wollen, werden sie ihrem Schicksal ausgesetzt. Aber das interessiert die da oben ja nicht!«

Ein Piepsen unterbricht meinen Workflow, aber es war wohl nur der Trockner. Meine Wäsche ist fertig. Und da ich als mittelalte Frau besonders auf meine Work-Life-Balance achten muss, entscheide ich mich doch, dem Pimmel jetzt einfach den nächstbesten Kommentar zurückzuschicken, der unter dem Schwanzloser-Hund-Foto steht, nämlich: »So hart es klingen mag, aber man muss die da alle einfangen, betäuben und kastrieren lassen, sonst hat das nie ein Ende. Küsschen.«

Ich schicke die Nachricht ab. Leider an meine Mutter. Die hatte zwischendurch nachgefragt, wie mein neuer Job beim Fernsehen so läuft. Erstaunlich, wie doch alles irgendwie zusammenpasst, wenn man nur lange genug im Kreis denkt.

Rock am Ringen

Heutzutage machen ja mehr junge Menschen Abitur, erlangen also die allgemeine Hochschulreife. Tatsächlich aber sind sie: bestenfalls lückenhaft gebildet, oder sagen wir schlicht: lebensuntauglich. Genau wie der Jahrgang davor. Und davor. Und das liegt ja nicht nur am allgemeinen Mangel oder individueller Unfähigkeit an und von Lehrenden, sondern am System.

Denn Schulbildung findet einfach zur falschen Zeit statt, entwicklungstechnisch gesehen. Spätestens ab der achten Klasse kann sich doch keine Sau mehr auf die Lerninhalte konzentrieren. Denn zu dieser Zeit wird das jugendliche Gehirn von Mutter Natur in die *ganz* große Pause geschickt. Pubertät und Polynomdivision, das kriegt doch keiner zusammen, beziehungsweise auseinander, oder? Das Problem ist: Es baut ja alles aufeinander auf, gerade in den Naturwissenschaften. Daher also lieber zur Grundschule gehen, Lesen, Schreiben, ein bisschen Rechnen und Brennball lernen und dann, sobald die ersten Haare untenrum sprießen, mal ein paar Jahre obenrum aussetzen. Bis sich alles wieder beruhigt hat. Denn wenn du vor der Bruchrechnung schon aus der Lernkurve geflogen bist, kannst du dir nicht ein paar Jahre später dein Abiturzeugnis abholen und im Anschluss direkt an die Uni gehen, um dort Jura oder BWL zu studieren. Obwohl man in Einzelfällen manchmal vermutet, dass es genauso gelaufen ist. Aber auch das Bundesverkehrsministerium kann nicht allen einen Posten geben, die mehr oder weniger den Unterschied zwischen Mehr und Weniger nicht kennen.

Daher braucht nicht unser Schulsystem eine Reform, sondern das gesamte System eine Revolution! Und da wir den Lernstoff nicht noch mehr eindampfen können, schlage ich vor, stattdessen die Pubertät zu raffen. Und zwar tüchtig. Es mag jetzt manche überraschen, dass gerade ich dafür plädiere. Denn meine Eltern behaupten gern, dass ich eine unbotmäßig lange Zeit in ebendiesem Stadium verbracht hätte. Viele meiner Freundinnen und Freunde denken, dass ich immer noch mittendrin stecke. Beides Quatsch. Ich war und bin überhaupt kein Bummelteenager, im Gegenteil: Das Fach Adoleszenz habe ich in drei äußerst effektiven Blockseminaren absolviert. Die sehr übersichtlich aufeinander aufbauten und jeweils an einem einzigen Abend abgehalten wurden. Und das auch noch in den Sommerferien!

Die Rede ist natürlich von Open-Air-Konzerten. Drei davon, gut über die schwierigen Jahre verteilt, reichen völlig aus, um aus einem Klumpen Hormone eine verantwortungsvolle, geordnete Persönlichkeit zu formen, die die so gesparte Zeit dann für eifriges Lernen und die Wahl eines vernünftigen, zukunftssichernden Berufes nutzen kann. Ich bin der lebende Beweis.

Selbstverständlich muss man früh genug beginnen, wenn man so ein Juwel wie mich erschaffen will. Deshalb gilt für die Eltern des Rohdiamanten: Den Brocken zunächst mal grob aus dem Flöz hämmern. Das Schleifen und Polieren kommt später. Anders gesagt: Der Teenager muss bei erstem, zartem Aknebefall zwar aus dem Nest geschubst werden, aber nicht zu weit weg. Denn es soll ja nicht der jugendliche Körper gebrochen, sondern nur die zarte Seele angeknackst werden. Ein Debüt gilt als erfolgreich, wenn der Teenager in diesem Testlauf ein paar handelsübliche Drogen und Traumata aufpickt, um dann am Ende des Tages vollständig gedemütigt, aber halbwegs eigenständig wieder auf den elterlichen Baum zu kraxeln.

I.

Mein Schnupperkurs »Pubertät 1 – Scham als Trägermasse« versprach auch aufgrund der überschaubaren Teilnehmerzahl recht kuschelig zu werden. Aber dennoch: Für eine Dreizehnjährige sollte sich das Festival »Rockomotive im Bahnhof«, das im August 1989 im Außenbereich eines Münsteraner Jugendzentrums zelebriert wurde, zu genau so einer Sause gestalten, wie die handgemalten Plakate es versprachen. Mein Outfit bestand aus einer Jeans, die im Bund zwar kniff, aber sich knieabwärts in einen Schlag ergoss, der einem kleinen Wanderzirkus als Zelt hätte dienen können. Dazu kombinierte ich ein schlichtes weißes T-Shirt, das mir zu jenem Zeitpunkt aus unerfindlichen Gründen vorteilhaft erschien, und immerhin: echte Chucks von Converse, ebenfalls in Weiß. Gekrönt wurde das Ensemble von einer ausgewachsenen, ausgeblichenen Dauerwelle, die einen reizvollen Kontrast zu meinem sonnengeknutschten Teint bot. Kurz: Ich sah aus wie Samson, der zum ersten Mal aus der sicheren Sesamstraße ausbrach, um die Vorstadt zu erkunden. Das große Abenteuer begann schon auf der Hinfahrt. Zusammen mit meiner bis dato besten Freundin Sandra Peschke saß ich im Niederflurbus, der uns in die Banlieue Münsters bringen sollte, wo wir zu soften Getränken harten Gitarrenklängen lauschen wollten. Offiziell. Inoffiziell ging es natürlich darum, einen jungen Skateboardfahrer endlich davon zu überzeugen, dass er mich genauso sehr liebte wie ich ihn. Und wie Sandra Peschke ihn ebenfalls. Diese Information erreichte mich erst an der Endhaltestelle durch Sandra selbst. Ich tat ihr Geständnis zunächst als jugendliche Schwärmerei ab, schließlich hatte ich den jungen Mann schon vor Wochen zu dem Meinigen auserkoren, während sich die Peschke nahezu täglich in einen anderen verguckte. Und ich hatte ihre hundsläufige Art auch liebevoll ignoriert, bis sie sich, kaum waren wir auf dem Festivalgelände, an meinen Lebensgefährten in spe heranmachte. Da musste ich einschreiten: liebevoll, aber eindringlich und zeitnah. Auf meine verbal-logischen Argumente, die ich in »Du elende Natter!« kurzfasste, reagierte Sandra mit Androhung physischer Gewalt. Unter ihrer Jacke hatte sie sich noch während der Busfahrt heimlich Brüste wachsen lassen und machte nun deutlich, dass sie diese auch einsetzen wollte. Auf diese kindische Provokation wusste ich flüssig zu antworten. Ich holte aus, um ihr eine zu langen, verfehlte sie jedoch knapp und räumte stattdessen eine Fuhre Weizengläser von einem Stehtisch. Gestärkt durch die Erfrischung lugten nun *meine* Brustwarzen neugierig hervor, meine ehemalige Frisur rapunzelte herunter, die feuchten Haarspitzen wiesen wie Pfeile auf das Dilemma. Zum Glück waren zu diesem Zeitpunkt erst etwa vierzig andere Gäste eingetroffen und alle lachten mich freundlich aus. Akustisch allen voran der Mann, für dessen zukünftige Kinder ich längst die Vornamen gewählt hatte. Schon weil es ja auch zur Hälfte meine gewesen wären. Und als ich dachte, die Obergrenze der Demütigung damit längst überschritten zu haben, lieh Sandra Peschke mir *ihre* Jacke, damit ich mich bedecken konnte. Während das Objekt mei-

erde daraufhin Sandras Brüsten Hallo sagte, lutschte
.r die Locken trocken und gab mich so meinem ersten
.sch hin. Die unorthodoxe Mischung aus Bier und Haar-
ϸray ließ mich flugs bewegungsfreudig werden. Ich begann
zu wippen, für mein Gefühl im Rhythmus der Musik, die aus
den Boxen dröhnte. Und das Wunder geschah. Der Junge
meiner Träume begrüßte nun auch mich, mit den Worten:
»Ist dir schlecht oder warum zuckst du so?«

Wow. Er hatte mich nicht nur bemerkt, er sorgte sich auch
um mich. Nun wusste ich aus Filmen, dass ich mich nicht direkt in seine Arme werfen und dahinschmelzen durfte, sondern ihn zappeln lassen musste. Mindestens noch eine halbe Stunde lang. Ich torkelte also davon, um noch eine Weile
cool, unnahbar und mysteriös zu wirken. Nach einer kurzen
Orientierungsphase entschloss ich mich für Mundraub im
liquiden Bereich. Und so trank ich erstmals Bier aus einem
Glas. Beziehungsweise aus vielen halb leeren und unbewacht
herumstehenden Gläsern. Die Wirkung war ungleich stärker,
als sich das Zeug gestreckt aus dem eigenen Haupthaar zu
saugen: Bald darauf kotzte ich kichernd in die Rabatten und
hörte den Skaterjungen zu Sandra Peschke sagen: »Deine
Freundin ist schon ein bisschen wilder drauf, oder?«

Ein bisschen wilder? Oh, da kannte er mich aber schlecht.
Und ich mich erst. Denn in jenem Moment begann der
Top-Act, die Krönung, das wahre Lernziel des Abends: *Ekki
and the Toasters*! Sie spielten guten alten Rock 'n' Roll, nur
viel schneller, ich hingegen wurde Rock 'n' Roll – nur noch
schneller. Punk war vielleicht damals schon tot, aber an diesem Abend erfand mich der Pogo neu. Beziehungsweise eine
gewisse Unterart davon. Die sich deutlich mehr auf die Bo-
denarbeit konzentrierte, munter kombiniert mit Elementen

des Voltigierens ohne Pferd, verflochten mit offensiver Kritik an der christlichen Kirche. Noch vor Ende des dritten Songs hatte ich den kompletten Rasen vor der Bühne allein Kraft meiner Nase konvertiert, mich meiner Schuhe entledigt und zwei verstörte Redskins durch raffinierte Schaufeltechnik zu einem Kreuz arrangiert, auf dem ich schlussendlich zu liegen gekommen war: röchelnd, aber glücklich. Selbst die Band pausierte mitten im Song. Möglicherweise war es auch für gestandene Rockstars ungewöhnlich, dass jemand so eine Performance zu einer Coverversion von »Lola« brachte. Ich war nun bereit, endlich gerettet zu werden von meinem Prinzen. Doch er kam nicht. Weil er schon längst das Festivalgelände verlassen hatte – mit seiner Freundin. Dafür kam eine sehr bedrückte Sandra Peschke, die meinte, dass wir uns sputen müssten, wenn wir den letzten Bus zurück nach Hause kriegen wollten. Abgesehen davon, dass es nahezu unmöglich ist, sich zu sputen, wenn man noch etwa drei Bahnen Rollrasen nebst etlichen Pfunden feuchten Erdreiches am gesamten Körper trägt, *wollte* ich den Bus gar nicht kriegen. Und so wie ich aussah, wollte der Busfahrer mich sicher auch nicht. Also erklärte ich Sandra, dass sie allein nach Hause müsse. Ich würde mich schon irgendwie durchschlagen, mich vielleicht der Band anschließen oder einfach im Wald leben. Ein Lebensentwurf, den man nicht en détail vor den Toren eines Jugendzentrums ausbreiten sollte, denn da stehen meist die Sozialarbeiterinnen in der Raucherecke. Eine von ihnen fuhr uns nach Hause und als sie meinen Eltern glaubhaft versichert hatte, dass ich mich im Alleingang so zugerichtet hatte, wurde ich nicht für meine aktive Mitarbeit beglückwünscht, sondern mit Hausarrest bestraft. Allein zur Schule und zum Jazz-Dance-Kurs durfte ich, Letzteres lehnte ich dankend ab.

Ganz ernsthaft, was sollten die mir noch beibringen? Denn nach diesem ersten Probetag im Pubertieren stand fest: Nicht ich hatte den Rock 'n' Roll gewählt, sondern der Rock 'n' Roll mich. Und es war nur eine Frage der Zeit, bis er mich von der Reservebank rufen würde. Knapp ein Jahr später rief er auch schon wieder.

II.

Mit vierzehn kam ich auf Bewährung raus. Mein zweiter Besuch eines Open-Air-Konzertes sollte von Anfang an unter Aufsicht einer Sozialarbeiterin stattfinden. Leider hatte man bei der Auswahl des Wachpersonals auf die Vorlage schriftlicher Diplome verzichtet und sich von reinen Äußerlichkeiten blenden lassen. So fuhr ich mit unserer Nachbarin Renate nach Köln, die zwar im echten Leben Steuerberaterin war, sich aber für eine damals Vierzigjährige wirklich ... *frech* kleidete. Eben wie eine Sozialarbeiterin. Also in Klamotten, die Jugendliche an ihresgleichen gerne sehen, die an Erwachsenen aber unfassbar würdelos wirken. Also ziemlich exakt so, wie ich heutzutage privat rumlaufe. Aber es war nicht Renates Kostümierung, sondern ihr Spirit, ihre Attitüde, ihre Gestik, Tonlage, ihre gesamte Vierzigjährigkeit und ihr besonderes Renatentum ergaben ein Gesamtpaket, das einen Teenager dazu bringen konnte, über furchtbarste Dinge nachzudenken, wie etwa Textaufgaben: »Ein Pkw fährt mit einer durchschnittlichen Geschwindigkeit von 80 km/h auf der linken Spur der A1 Richtung Süden bei 30 Grad Celsius und geschlossenem Fenster, die Kassette hat leider Bandsalat, die Platte der Fahrerin springt dafür. Frage: An welchem Tag wird die Musik sterben, und wenn ja: Wer kommt mit und warum?«

Die Antwort lautete natürlich *Cringe*, aber da die Bezeichnung noch nicht erfunden war, dauerte der Lösungsweg vier Stunden und stellte sich trotzdem als falsch heraus. Denn während der gesamten Zeit wiederholte Renate in beklemmender Regelmäßigkeit, wie »total affengeil« sie auf das Konzert sei, wie sehr sie »abgehen« werde und wie »happy« sie sei, dass wir »bei dem Gig« dabei wären. Und mit »wir« meinte Renate offenbar sich selbst und uns: also Sandra Peschke und mich. Denn ja, wir beide hatten Gras über die dumme Sache von 1989 wachsen lassen und ich gestehe: Jede Minute, die wir beide peinlich berührt auf der Rückbank von Renates Renault hockten, verknüpfte unsere freundschaftlichen Bande enger. In Köln angekommen, konnten wir uns schon wortlos verständigen. Und zwar darauf, Renate noch vorm Auftritt der Vorband versehentlich aus den Augen zu verlieren und uns dann endgültig von ihr zu trennen, bis zur Heimfahrt. Aufgrund von musikalischen Differenzen. Und unsere Chancen standen gar nicht mal schlecht, mit dieser Ausrede durchzukommen. Denn an diesem Juniabend des Jahres 1990 hatte eine recht tollkühn zusammengestellte Melange von Künstlern Zehntausende Fans ins Müngersdorfer Stadion gelockt. Das Line-up des legendären Abends, in chronologischer, aber nicht wertender Reihenfolge, liest sich heute noch spannend: Otto Waalkes – *Die Toten Hosen* – *The Rolling Stones*. Würde man heute auch nicht mehr so machen und falls doch, könnte es keiner bezahlen. Kaum dass Renate den Wagen angehalten hatte, preschten Sandra und ich los, direkt vom Parkplatz zur Stadionmitte. Unauffällig tauchten wir in der Menge unter. Aber schon bei Ottos letztem »Holadahiti« hatte uns Renate wieder aufgespürt. Das unauffällige Untertauchen ist eben ungleich schwerer, wenn du dir auf hunderteinundachtzig Zentimeter Körpergröße noch eine flamingopinke Turmfrisur gönnst. Renate stieg direkt wieder da ein, wo wir im Auto ausgestiegen waren, und kündigte den Generationenvertrag nun ihrerseits auf. Aus den Boxen wummerte »Hier kommt Alex!«, aber was sich inmitten des Stadions abspielte, war mehr als ein kleines bisschen Horrorshow. Ungefragt patschte Renate Sandra und mir Sonnencreme auf die Nasen, fächerte uns Luft mit einem Turnbeutel zu und als sie uns später nacheinander namentlich aufrief, um zu erfragen, wer vor den *Stones* noch mal Pipi müsste, wurde jedem Umstehenden klar, dass wir die irre Alte nicht erst vor Ort aufgegabelt hatten. Wir wurden milde belächelt, und zwar so, als wären wir dreizehnjährige Mädchen und keine vierzehnjährigen Frauen! Dieses Missverständnis musste aufgeklärt werden, und zwar von mir. Ich packte Sandra und nutzte sie als Rammbock, um in die erste Reihe zu gelangen. Und war mir sicher, dass keine Vierzigjährige der Welt es jemals wagen würde, uns dorthin zu folgen. Ich stellte Sandra nur leicht lädiert vor der Box ab, dann war es so weit: Keith Richards latschte auf die Bühne und nickte mir kumpelhaft zu. Ich nickte kumpelinenhafter zurück. Wir waren beide bereit zum Eskalieren. Aber bevor Mick Jagger auch nur »Good evening, Cologne!« kreischen konnte, wurde *mir* das Mikrofon unter die Nase gehalten. Es folgte eine stille Schrecksekunde im Stadion, dann kicherten wieder alle – sogar Keith. Obwohl ich noch keinen Ton gesungen hatte. Dann wurde auch mir klar: Das war gar kein Mikro, was da vor mir baumelte. Sondern eine Gurke. Eine riesige holländische Salatgurke, zur Hälfte eingewickelt in Alufolie. Und die Hand, die diesen grünen Prügel hielt, hing nicht an Keith Richards, sondern an Renate Schulte-Holtstrat. Die Menge um mich herum war vor dem Weib zurückgewichen, ich stand wie gelähmt da. Mick Jagger tänzelte vorn um Aufmerksamkeit, Renate kreischte: »Hier, Katinka, hau rein! Du brauchst viel Flüssigkeit, gerade in deinem Alter, und die Getränke hier sind ja viel zu teuer.« Der Greifreflex überkam mich. Meine Hand packte die Gurke und ich hielt die glänzende, phallische Frucht empor, gen Himmel. Wie Artus, als er einst Excalibur aus dem Stein gezogen hatte, stand ich da: schwer überfordert von dem plötzlichen Ruhm und so was von gewiss, jung zu sterben. Wahrscheinlich noch im nächsten Moment. Am besten sofort. Und tatsächlich: Zwar kniete nicht ganz Britannien vor mir nieder, aber die ersten zehn Publikumsreihen brachen prustend zusammen, während Renate begann zu tanzen. Nein, sie tanzte nicht: Sie hottete ab, immer im Kreis um mich herum – die jungfräuliche Wächterin der gigantischen Gartenfrucht. Die *Rolling Stones* lösten sich derweil kurz auf, aber da es bei dem Tumult keiner mitbekam, versuchten sie es seitdem noch viele weitere Male. Sandra Peschke beweinte schluchzend unseren gesellschaftlichen Tod und ward nicht zu beruhigen. Selbst dann nicht, als ich ihr aufmunternd mit der Glitzergurke auf die Schulter klopfte. Bis heute kann ich kein auch nur ansatzweise längliches Gemüse in der Öffentlichkeit verzehren. Und sobald nur die ersten Töne von »Satisfaction« erklingen, habe ich sofort Renate vor Augen, wie sie ihren unwürdigen Veitstanz vollführt.

Nach diesem zweiten Pubertätstag erteilte ich mir den Hausarrest vorsichtshalber selbst und verschanzte mich hinter Schulbüchern. Deshalb weiß ich bis heute über Dinge Bescheid, die alle anderen Achtklässler damals verpasst haben. Zum Beispiel, dass vor allem »der extensivierte Wanderhackbau des Kleinbauern Ketu« in den späten 1960er Jahren für die Missernten im westlichen Kongo verantwortlich war. Ich weiß auch, wie die instinktive Eirollbewegung der kanadischen Graugans aussieht, würde sie aber nie vorführen wollen, weil sie doch stark an Renates Hüftrollbewegung ganz ohne Ei erinnert. Ich kann auch einen Jambus von einem Bambus unterscheiden und sogar bei fast jedem Porträtbild der Renaissance sagen, ob es sich bei der darauf hingeölten Person um ein Mitglied der Familie Fugger handelt oder nicht. Dieses Spezialwissen hilft mir nicht nur ungemein im Berufsleben, sondern macht mich auch ganz privat, bei meinem Freund, zu einer äußerst mittelmäßig beliebten Stammzuschauerin der Sendung *Bares für Rares*. Dennoch brach ich nicht unter der angehäuften Fracht dieses gesammelten Intellekts zusammen, sondern strebte weiter nach Vollendung. Oder zumindest einer Möglichkeit, dem Rock 'n' Roll in den kommenden Sommerferien auf Augenhöhe zu begegnen.

III.

Mit fünfzehn ist man spätpubertär, aber gleichzeitig präsenil. So zumindest deutete ich die Artikel in der einschlägigen Fachliteratur. In ein und derselben Ausgabe behauptete die *BRAVO*, dass es sowohl »Frühblüher« als auch »Spätentwickler« gäbe. Mädchen müssten sich weder anstrengen, aufzuholen, noch versuchen, dagegen zu arbeiten, denn sobald du fünfzehn bist, sorgt die Natur ganz von allein dafür, dass du dich endlich aus deinem Kokon schälst, dich entpuppst und dann als wunderschöner Schmetterling auf zarten Schwingen in die Lüfte erhebst zum Wohlgefallen aller.

Leider hakte es an dieser Stelle bei mir. Zwar hatte ich mich nahezu perfekt im Kokon meines Zimmers und meiner

Gedanken verstrickt, aber ein langer Blick in den Spiegel verriet mir: Du hast nix Puppiges an dir. Wie willst du dich da jemals *entpuppen*? Verdammt, die Evolution hatte mich an der Raststätte vergessen. Oder absichtlich dort ausgesetzt. Nun hatte ich zwei Möglichkeiten: Entweder konnte ich mich für den Rest meines Lebens einmotten und schmollen oder ganz ohne Internet nach anderen Entwicklungsgestörten suchen: also frühvergreisten Kindern, die das mit dem Gelingen auch nicht draufhatten. Und so fand ich, wenig überraschend, Iggy Pop.

Danach musste ich nur noch sicherstellen, dass er mich auch fand. Und mich unter Vertrag nahm: als Sicherheitsbeauftragte und Eintänzerin in Personalunion. Eine Europatournee gemeinsam mit mir würde ihn schon davon überzeugen, dass ich bei Festivals unterschiedlichster Größe in dem Raum vor der Bühne für Ruhe sorgen konnte. Falls gewünscht auch für Unruhe. Der Termin für meine Initiativbewerbung stand schon fest, als ich mich einer noch kritischeren Selbstprüfung als sonst unterzog: Wenn ich sein Konzert in Hamburg besuchte, als ein Fan von Zehntausenden, wie sollte er mich in der Menge entdecken? Er war ja nicht Renate. Zum Glück. Außerdem waren meine pinken Haare einer aschblonden Kurzhaarfrisur gewichen und es ging das Gerücht, dass viele seiner Anhänger noch ein bisschen wilder drauf waren als ich. Wie sollte ich in der Masse herausstechen, ohne unangenehm aufzufallen oder gar den Meister an meiner Motivation zweifeln zu lassen?

Die Lösung für mein Problem fand ich schließlich auf meinem Konzertticket. Dort stand, winzig klein gedruckt: »Das Mitführen von Glasbehältern und Flaschen ist auf dem gesamten Festivalgelände strengstens untersagt.« Das war kein Hinweis, keine Warnung, sondern eine *Botschaft*, speziell für mich. Unverzüglich begann ich, meine Vision zu verwirklichen. Dieser Masterplan erforderte zunächst Kompromisse, sogar einen Waffenstillstand mit dem Establishment: Ich ließ mir das Taschengeld für zwei Monate im Voraus auszahlen. Die niedrige dreistellige Summe investierte ich in Leichtmetalle und Kunststoff. Dann erst zog ich mich in den Untergrund zurück. Dort, im Bastelkeller, wurde der Tacker zu meinem einzigen Freund, aber auch schlimmsten Feind. Nach sechs Wochen und einigen Fehlschlägen jedoch ging ich als Siegerin die Treppe hinauf, pünktlich zum Konzerttermin. Mit ebenso viel Stolz wie Vorsicht lud ich die kostbare Fracht, die ich erschaffen hatte, in meinen Campingrucksack. Während der gesamten Zugfahrt wagte ich es nicht, mich anzulehnen oder gar hinzusetzen. So stakste ich sichtlich geschwächt dem Festivalgelände entgegen, aber diesen Zustand hatte ich eiskalt einkalkuliert. Keine der Security-Ladys am Eingang hegte gesteigertes Interesse, mich oder meinen Riesenrucksack eingängiger zu untersuchen. Ich wurde einfach durchgewunken.

Zunächst bezog ich meinen Beobachtungsposten im Schatten der Dixi-Toiletten. Timing war wichtig, ich musste auf den richtigen Augenblick warten, den magischen Moment, um der Welt, und natürlich Iggy Pop, mein Kunstwerk zu präsentieren, mein Gesellinnenstück, mein Taufkleid, das mich offiziell zum Patenkind des Punks machen sollte. Der Beweis dafür, dass ich meine Hausaufgaben gemacht hatte und dank meiner beiden vorherigen Pubertätstage verstanden hatte, worum es im Leben überhaupt ging, und zwar fächerübergreifend, nämlich: »Der größte Feind des Rock 'n' Rolls ist die Dehydration! Direkt gefolgt vom kapitalistischen

System. Ich habe beiden ein Schnippchen geschlagen, besser gesagt: getackert! Voilà!«

Und als die Sonne am höchsten stand und tausend trockene Kehlen ringsherum nach Flüssigkeit ächzten, sich die Massen zu den Getränkeständen schoben und sich irgendwo auf dem Gelände vielleicht ein paar andere unglückliche Mädchen das Bier aus den Haaren saugten oder von den Renates dieser Welt mit Schlangengurken in Schach gehalten wurden, da zauberte ich die Zukunft aus meinem Rucksack. Und legte sie mir um den Hals. Dann schritt ich los. Und wahrlich, ich erstrahlte, funkelte und glitzerte heller als jeder Stern in meinem Cape der Vergeltung. Meinem bodenlangen Umhang, den ich aus nicht weniger als hundertachtundzwanzig prall gefüllten Tütchen Capri-Sonne Kirsch geschaffen hatte. Und ja, er glich nicht nur aufgrund seiner silbernen Farbe und seines Formats einer Feuerschutztür, sondern vor allem durch sein Gewicht von rund sechsundzwanzig Kilogramm, beziehungsweise Litern. Bei den Göttern, war das ein erhabenes Gleißen, als ich weiterstolzierte, einem menschlichen Laser gleich blendete ich mir eine Schneise durchs verdutzte Gewühl. Und als ich angelangt war, vor der Bühnenmitte, erleuchtete wohl auch mein Gesicht glutrot. Längst hatten sich Schweißpfützen in meinen Dr. Martens gebildet, die Tackerklammern quietschten rostig. Schwer zu sagen, ob ich hauptsächlich ausdünstete oder gedünstet wurde in meiner zentimeterdicken Aluminiumverkleidung. Gut, dass ich was zu trinken dabeihatte. Und zwar jede Menge. Da ich meine Arme längst nicht mehr heben konnte, zog ich mit den Zähnen einen Strohhalm aus dem Kragen, wickelte ihn mit der Zunge aus dem Plastik und stach ihn mit einem gezielten Mundhieb in das Trinktütchen auf meiner linken Schulter.

Der erste brühwarme Zuckerschluck aus meinem Gewand, wie erquickend mich der zähe Sud labte! Ich war die Königin des Kirschsirups, die Sparfüchsin in Silber, die Vivienne Westwood westlich von Warnemünde, ich war Rock 'n' Roll in Tütchen! Und zwar genau eine Sekunde lang. Dann sprang Iggy Pop auf die Bühne. Alle anderen Anwesenden sprangen augenblicklich vor der Bühne herum. Allein ich wurde gesprungen. Bald flog ich sogar, nicht ganz wie ein zarter Schmetterling, sondern immer wieder auf und ab, wobei mein Schutzpanzer stetig an Volumen verlor. Denn wahrlich, es war die Speisung oder zumindest die Tränkung der Fünftausend. Alles, was sich nicht an meinem Cape laben konnte, verleimte ich zumindest gründlich miteinander. So einte ich die zerrissenen Völker und Fangruppen zu einem strampelnden Fleischmob und wenn dies auch nicht zum Wohlgefallen aller geschah, dann doch zum Amüsement des Meisters.

Denn schon bald wurde ich, leergesoffen und zerfleddert, ein letztes Mal nach ganz vorne geworfen und blieb am Bühnenrand kleben. Bäche von blutrotem Kirschsaft rannen an mir herab, während ich am Absperrgitter zappelte. Da beugte sich der Pate des Punkrock zu mir herunter und schrie mir ins Ohr: »I got a lust for life!« Im nächsten Moment rissen mich Security-Männer vom Stahl und brachten mich aus der Gefahrenzone. Sogar sehr weit weg davon. Bis zum Ausgang des Geländes trugen sie mich.

Irgendwie bin ich wohl zum Bahnhof gelangt, irgendwer zahlte wohl mein Zugticket und irgendwann stand ich zu Hause unter der Dusche. Ich weiß nur, dass mein erster klarer Gedanke ein sehr, sehr erwachsener war, nämlich: »Meine Zukunft liegt mit Sicherheit nicht in der Security!«

Ich kann das Konzept der Turbopubertät mit Liveunterhaltung nur weiterempfehlen. Das Zeit-Leistungs-Verhältnis ist einfach besser: Statt jahrelang darauf zu warten, dass ein schöner Prinz mich rettet, habe ich dem *einmal* gezeigt, wie unschön *ich* werden kann, und das im Rekordtempo. So habe ich wahrscheinlich uns beide gerettet. Mindestens. Ich habe gelernt, dass eine peinliche Vierzigjährige mich mit einer Salatgurke nicht umbringen kann. Zumindest nicht, solange sie nur freundlich damit wedelt. Ich weiß, dass ich eine durstige Menge Durchgeknallter brauche, um fliegen zu können, aber ich immer wieder ganz allein hart auf dem Hintern landen werde. Und dass ich dann wieder aufstehen muss. Und zwar nicht, weil das ein toller Spruch für ein Wandtattoo ist, sondern weil ich sonst plattgemacht würde, auf einem Open-Air-Konzert allemal. Es ist eben noch niemand vor Scham im Boden versunken. Das klappt nicht mal, wenn man zuvor in einem Capri-Sonnen-Cape gesotten wurde. Vor allem aber habe ich festgestellt: Es zieht mich zur Bühne hin. Und weil es in der ersten Reihe wirklich gefährlich werden konnte, sähe ich besser zu, oben raufzukommen. Nun ja, was kann ich sagen: Es hat geklappt. Runterkommen ist hingegen eine ganz andere Geschichte.

Ein Wort zum Sport

Ich habe ein sehr gutes, ein sehr gesundes Verhältnis zum Sport. Sport gehört zu meinem Alltag wie ... meine Nachbarn. Ich grüße jeden Sport freundlich, wenn er mir zufällig auf der Straße oder im Treppenhaus begegnet. Auch wenn ich ihn nur ganz flüchtig kenne. Das ist einfach eine Sache der guten Erziehung. Aber sobald ich die Wohnungstür hinter mir geschlossen habe, frage ich mich natürlich jedes Mal: »Mein Gott, was für eine idiotische Verschwendung von Zeit, Energie, Intellekt und Geld war das denn jetzt bitte wieder?«

Denn nichts anderes ist Sport. Und bevor jetzt ein Tumult ausbricht, bei Ihnen auf dem Lesesessel, im Zugabteil, im Liegestuhl, oder Sie sonst wo zu eskalieren drohen, während Sie diese Zeilen lesen: Bleiben Sie jetzt bitte ruhig und lassen Sie es mich erklären. Können Sie das noch? Fünf Minuten still sitzen? Ohne dabei einen Ball zu dribbeln, zu pritschen oder zu baggern? Ohne ein bisschen Zumba zu tanzen, in ein Rhönrad zu hechten, zu steppaerobicen oder auch nur den Bizeps anzuspannen? Ja? Prima. Dann sind Sie noch zu retten. Von mir. Und zwar jetzt.

Zunächst: Bewegung ist eine gute Sache. Ohne Mist. Bewegen Sie Ihren eigenen Körper so viel und wohin Sie wollen, er gehört Ihnen. Und zwar von Geburt an. Deswegen haben Sie als Kind fast auch automatisch gelernt zu robben, zu krabbeln und schließlich mehr oder weniger aufrecht zu gehen.

Diese drei Bewegungsformen reichen schon völlig aus für den Hausgebrauch. Und auch für draußen. Mein Tipp: Lassen Sie sich noch in den Zusatzqualifikationen Hüpfen und Schwimmen ausbilden. Ersteres ist wichtig, falls Sie, wie ich, einmal im Jahr den Osterhasen mimen müssen. Zweiteres hilft ungemein, wenn Sie sich in einem Gewässer aufhalten, das tiefer ist, als Sie hoch sind. Das Tolle an diesen Bewegungsformen ist: Sie sind wie Fahrradfahren, nur sinnvoller. Haben Sie diese einfachen Abläufe einmal gelernt, müssen Sie sie nicht ständig oder gar täglich wiederholen. Sie sind für immer in Ihrem Oberstübchen hinterlegt, jederzeit abrufbar und nehmen nur ein Fitzchelchen Ihres Hirnspeichers in Anspruch. Den gesamten Rest ihres Denkvermögens benötigen Sie nämlich dringend, um von nun an abschätzen zu können, ob die Bewegung, die Sie als nächste planen, sinnvoll, gut, edel, überlebenswichtig und am besten noch nachhaltig ist. Und falls sie das nicht ist, handelt es sich um vermaledeiten, blödsinnigen Sport.

Dieser Teufel trägt viele Masken. Einige sind ihm leichter von der hässlichen Fratze zu reißen als andere, gewiss. Im Fall des sogenannten »Leistungs-« oder »Profisports« erkennt man schnell, dass es sich dabei um Satanswerk handelt. Ich sage nur: »Fünf Ringe, sie zu knechten.« Ich meine, was muss man einem Menschen erzählt haben, damit er glaubt, es sei seine Lebensaufgabe, einen Hammer zu werfen? Der nicht mal ein richtiger Hammer ist? Und zwar nicht auf ein Beutetier. Oder einen Tyrannen oder den Arzt, der einem so lange Medikamente ins Müsli gemischt hat, dass jetzt das Brusthaar aus dem BH quillt, sondern einfach nur so weit wie möglich?

Sie denken jetzt vielleicht: So etwas passiert ja nur in Schurkenstaaten, also dass man aus seinem Dorf entführt und gegen seinen Willen zur Hammerwerferin ausgebildet wird. Schrecklich! Aber so sehen die armen Frauen da wenigstens auch mal was von der Welt. Unterirdische Umkleidekabinen in Usbekistan zum Beispiel.

Aber Sie, Sie machen Ihren Sport ja aus freien Stücken! Sie haben Ihr Leben unter Kontrolle, Sie »trainieren« ja nur ein bisschen.

Trainieren. – Das ist doch »Konsumentensprache«. Wofür »trainieren« Sie denn, bitte schön? Nein, Sie müssen nicht laut antworten, ich weiß es schon: Sie trainieren für einen Marathon. Natürlich. Nennen Sie mich naiv, aber ich glaube, wenn man sich nicht absichtlich selbst für einen Marathonlauf anmeldet, muss man da gar nicht mitrennen. Und die Begründung »Hauptsache, ich halte den durch. Und wenn ich nur meine persönliche Bestzeit verbessern kann, dann ist es mir auch egal, wenn ich als Letzter durchs Ziel komme« ist ja auch ziemlich knuffig. Auf den ersten Blick. Auf den zweiten aber sind diese Laufburschen und Laufmädels doch passiv-aggressive Egoisten und Gefangene ihrer Sucht. Denn die »trainieren« ja das ganze Jahr über, was nichts anderes heißt, als dass sie in geschmacklosen, augenlichtversengenden Outfits im Park rumhecheln, sich in der »Massephase« ständig undefinierbare Pampe in die Kuchenluke dreschen und jeden Menschen in ihrer Hörweite ungefragt über ihren Ruhepuls informieren. Der zwar sensationell langsam ist, aber immer noch weit über ihrem stetig sinkenden IQ liegt.

Noch schlimmer sind diejenigen, die für »den Ernstfall« trainieren. Was für ein Ernstfall soll das denn sein? Eine Kernschmelze? Rennen die dann weg vom Reaktor, aber nur 42,195 Kilometer weit, weil die Strahlung da schlagartig aufhört? Oder planen die, Geiseln bei einem Banküberfall zu werden? Und sagen dann zu den maskierten Typen mit den Maschinengewehren im Anschlag: »Sorry, aber Sie halten uns jetzt schon seit über sechzehn Stunden gefangen, jetzt bräuchte vierhundert Gramm Hähnchenbrustfilet, sonst kann ich hier für nichts mehr garantieren.« Glaubt irgendwer, das sei deeskalierend in so einer Situation?

Und falls mit »dem Ernstfall« die mittlerweile als ziemlich wahrscheinlich geltende Zombieapokalypse gemeint ist: Ja, da ist es natürlich total wichtig, dass Sie »trainiert« haben. Als Sportler sind Sie klar im Vorteil, wenn die Untoten anrücken. Logisch. Herden halb vergammelter Leichen raffen sich auf und rennen Ihnen die Haustür ein. Und die sind austrainiert, im schlechtesten Sinne des Wortes: Die wollen nicht ihre Bestzeit toppen oder ihr Intervallfasten beenden, die trachten nach Ihren gut durchbluteten Organen. Sie aber bleiben entspannt, logisch, dehnen sich noch ein wenig und schlagen dann zurück mit ... Pilates? Und während Sie noch Ihre Fußstellung korrigieren, rupft die röchelnde Meute Ihnen schon das Gedärm aus dem Rumpf. Und Ihr letzter Gedanke wird sein: »Mein Ruhepuls ist aber wirklich tipptopp gerade ...«

Ernsthaft, Leute: Wenn die Zombies kommen, gibt es nur eins: Ziehen Sie Ihr Hasenkostüm an, bewerfen die Untoten mit alten Ostereiern und hüpfen Sie davon. Vielleicht kommen Sie damit auch nicht sehr weit, aber das ist wenigstens ein würdevolles Ende, nicht wahr? Daher: Ordnen Sie mal Ihre präapokalyptischen Prioritäten neu! Das Leben kann so schön sein für alle, wenn Sie gewisse Dinge einfach mal bleiben lassen.

Zum Beispiel: Sie wohnen vielleicht, wie ich, in einer Stadt. Ich tue das, um per ÖPNV oder notfalls zu Fuß zum Bahnhof gelangen zu können. Denn ich werde auch in anderen Städten gebraucht, um vor sinnlosem Sport zu warnen. Was ist *Ihre* Entschuldigung? Können Sie den hohen Mieten nicht widerstehen oder ist es die gute Luft in der City? Benötigen Sie die stundenlange Parkplatzsuche zum Ausgleich für Ihren Sport? Oder gehören Sie zu den Menschen, die es einfach ganz famos finden, dass andere ihre Drecksarbeit für umme erledigen? Also, ich möchte Ihnen jetzt keine Sklavenhalterei unterstellen, aber so einen kleinen degenerierten Sonnenkönig haben Sie sich vielleicht schon antrainiert, gell? Oder glauben Sie wirklich, es sei richtig, edel, gut und nachhaltig, wenn Sie nach Feierabend irgendwelchen Killefit bei einem großen Onlinehändler bestellen: um auf diese Weise des Nachts einen unterbezahlten Paketboten durch die Republik zu scheuchen, der dann am nächsten Vormittag *nicht* bei Ihnen klingelt. Sondern immer direkt bei mir. Ihrer gutherzigen, hochintelligenten, überqualifizierten Nachbarin, die versucht, in ihrer Küche ihr Manuskript zu Ende zu schreiben? Und vertrauen Sie nicht auch stets blind darauf, dass ich aufstehe, um dann dem Paketboten entgegenzulaufen, um ihn auf halber Treppe von seiner Last zu befreien? Und dann wieder nach oben sause, beladen mit *Ihrem* Paket, das gut und gerne fünfzehn Kilo wiegt? Ja, das tun Sie, fast jeden Tag. Bis zu acht Mal. Pro Stunde. Und obwohl Ihre Nachbarin, diese Seele von einem Menschen, mit ihren mittlerweile stählernen Schenkeln jetzt allen Grund hätte, auszuflippen, tut sie das nicht. Sondern sie wendet all ihre mentale Stärke auf, um *nicht* in Ihr blödes Paket zu lugen. Oft gelingt ihr das, manchmal nicht. Und dann sitzt sie da, die unterschätzte Bestsellerautorin, diese Bühnengigantin, vor dem ganz vorsichtig aufgerissenen Paket und fragt sich beim Anblick des Inhaltes, warum die Zombieapokalypse nicht endlich über die Welt hereinbricht. Denn *Sie* haben sich tatsächlich

Faszienrollen bestellt: zwei Stück. Mit unterschiedlicher Noppung. Für neunundachtzig Euro. Faszienrollen. Wahnsinn! Über fünfzigtausend Jahre lang dachte man, der Mensch sei mit den Inhaltstoffen Knochen, Knorpel, Fett, Fleisch, Organe, Sehnen und Muskeln vollkommen ausgefüllt, aber nein, jetzt hat er plötzlich auch noch »Faszien«. Was, nur so am Rande, vom selben lateinischen Wort abstammt wie »Faschismus«, nämlich »fasces«, wörtlich übersetzt »Bündel« oder eben schlicht »Pack«. Und dieses Bündel von Sehnen will, nein, das *muss* gerollt werden, was nur mit diesem unästhetischen Ungetüm ordnungsgemäß vonstattengehen kann. In wenigen Wochen werden Sie dann endlich fit, erfolgreich und wunderschön sein! Nächte voller unbändiger Leidenschaft stehen Ihnen nun bevor, weil Sie Ihre Faszien so dermaßen durchgenudelt haben, dass ein jeder davon ganz wuschig werden *muss*! Wenn Sie Ihren Körper nur mit dieser Profilwalze perforieren, werden endlich alle sehen, was in Ihnen steckt, nämlich: Faszien! Zumindest glauben Sie das. Seit vorgestern.

»Fas-zinierend«, murmelt Ihre Nachbarin. Da lebt sie jahrelang mit jemandem unter einem Dach, der bisher unauffällig wirkte, und jetzt muss sie sich fragen: Was ist eigentlich schiefgelaufen, in Ihrer Kindheit? Entstammen Sie einer Familie von frischen freien Fitnessfrömmlern? Die Mutter hing am Tennisschläger, der Vater war ganz öffentlich Hockeytrainer und Sie wurden schon als Passivsportler*in geboren? Oder war es, wie bei so vielen, die Einstiegsdroge Bodenturnen? Haben Sie einst lachend ein Rad geschlagen? Obwohl Ihnen dieses Rad überhaupt nichts getan hat? Oder war es der Handstand, das Crystal Meth der Grundschulkinder: Ja, ist natürlich ein geiler Kick, sich kopfüber auf eine ranzige Matte zu stürzen und dabei einen Schädelbruch zu riskieren, nur um mal zu gucken, wie alles so lustig aussieht, wenn man es andersrum anguckt. Nur leider, leider: Sie sind auf diesem verdrehten Weltbild hängen geblieben. Die Langzeitschäden werden jetzt erst deutlich: Sie haben sich Faszienrollen bestellt.

Oder besiegelte erst der »Eiserne Schlächter des Hallensports« Ihr trauriges Schicksal? Sie kennen ihn vielleicht unter dem Euphemismus »Schwebebalken«: Dabei handelt es sich um eine nur hauchdünn mit Kunstvlies und Angstschweiß überzogene Schiffsplanke, die hastig auf zwei morsche Böcke gezurrt wurde. Das »Schweben« sollte ja alsdann von Ihnen übernommen werden. Weil ein Männlein in Turnbuxe meinte, nur so sei das rätselhafte »Klassenziel« zu erreichen. Also schwangen Sie sich auf den schmalen Grat des Todes, stapften bald hin, dann her, Rilkes Panther gleich, um dann zum Salto anzusetzen, was völlig unironisch als »einen Abgang machen« bezeichnet wurde. Aber im letzten Moment holte Sie vielleicht doch die Vernunft ein. Sie federten den Sturz ab. Indem Sie sich mit Ihrem Schritt auf den Balken plumpsen ließen, bevor Sie jämmerlich zu Boden glitschten. Ja, das würde unter Umständen die piepsige Stimme erklären, mit der Sie mich jetzt fragen, ob ich vielleicht ein Paket für Sie angenommen habe.

Natürlich habe ich das. Aber was für ein Mensch wäre ich, wenn ich Ihnen, meinem geschätzten Nachbarn, jetzt auch noch Ihr neuestes Folterwerkzeug aushändigen würde? Ein ganz schön mittelmäßiger, richtig. Aber da ich eben richtig, edel, gut und vor allem nachhaltig handeln will, muss ich endlich diesen Teufelskreis durchbrechen. Und zwar mit den mahnenden Worten: »Ja, habe ich angenommen. Hier ist es schon. Bitte schön.« Ich reiche dann meinem Nachbarn das zerrissene Paket und flöte noch ein unschuldiges »Das kam hier schon so an« hinterher. Und weil ich mich schon so schön eingeflunkert habe, kann ich jetzt auch mühelos die Neugierige spielen: »Was haben Sie sich denn da Schönes bestellt?«

»Also eigentlich ... sollten das Faszienrollen sein«, sagt mein Nachbar nun etwas perplex, als er etwas Großes, Pelziges aus der Verpackung schält. Und da ich meinen Mitmenschen nicht nur die Ängste, sondern gern auch die Zweifel nehme, sage ich: »Ja, aber das *sind* doch Faszienrollen.« Das bestätigt auch der Paketbote, der zu uns in den Hausflur tritt. Ich hatte ihn heute Morgen zusammen mit den Faszienrollen raufgeschleppt, damit er sich mal ausruhen konnte auf der Couch.

»Jup, das sind Faszienrollen. Die sind super, die habe ich auch. Könnte gar nicht mehr ohne. Die haben mein Leben verändert.« Der Paketbote spannt seinen beeindruckenden Bizeps an und lässt seine Wadenmuskeln spielen, ich ziehe derweil das Handbuch »First Steps für Faszienrollen« aus dem Paket. Ein Manual, das ich zuvor geschrieben, ausgedruckt und dort hinterlegt habe. Daraus lese ich dem Nachbarn vor: »Hier steht es doch: Schritt eins. Die Faszienrollen anziehen, rausgehen und loshüpfen.«

Der Nachbar wirkt unentschlossen. Der Paketbote und ich sagen gleichzeitig: »Wenn man die nicht sofort ausprobiert, wirken die nicht richtig.«

Der Nachbar springt ins Hasenkostüm, ich ziehe ihm den Reißverschluss am Rücken zu. Während wir die Treppe hinunterhüpfen, liest der Paketbote weiter aus dem Handbuch vor: »Zunächst trainieren Sie Ihre Zugkraft, um die Oberschenkel zu stimulieren. Nutzen Sie dazu das Ergänzungsmodul A.« Ich zeige auf die Handkarre des Paketboten. Der Nachbar lässt sich widerstandslos davorspannen. »Hü-ha!«, rufe ich dann und auf geht es, Richtung Park. Der Paketbote schwingt dazu das Ergänzungsmodul B, eine Peitsche, die wir flugs aus Gaffa-

Tape gebastelt haben. Bald schließt sich eine Schar Jogger unserem Streitwagen an, ich übernehme das Lenken, während der Paketbote die hundertzwanzig Euro Workshop-Gebühren von allen einsammelt. Im Ziel angekommen, zeige ich auf das kleine Wäldchen am gegenüberliegenden Ende des Parks: »So, ihr Lieben, das war's mit Aufwärmen. Jetzt geht es weiter mit dem eigentlichen Sport: dem Faszien-Rollen. Jeder sucht sich einen Schubberbaum und los geht es!«

Einige der Teilnehmenden wirken noch zögerlich, aber als mein Nachbar im Hasenkostüm losspurtet und dabei schreit: »Wer als Erster am Ergänzungsmodul C ist, hat gewonnen!«, folgt ihm die Meute, teils rennend, teils hüpfend, teils pulsmessend, also insgesamt nicht mehr unser Problem. Nach einem kurzen Hickhack um die größte Linde reiben alle, die unser Spontan-Bootcamp mitgerissen hat, ihre Leiber wohlig an den Stämmen. Aus der Ferne sieht das schon entspannend aus. Aber auch alarmierend. Der Paketbote alarmiert sicherheitshalber das Ordnungsamt. Die wollen sich die Sache mal ansehen, der Paketbote und ich nicht mehr. Auf dem Weg nach Hause frage ich mich, was wohl mit unseren Sportsfreunden passieren wird: Die Mitläufer werden wahrscheinlich mit einer Verwarnung davonkommen, aber mein Nachbar in dem Hasenkostüm? Den werden sie doch mindestens eine Nacht in Gewahrsam behalten. Zeit, die ich nutzen werde, um diesen Text zu Ende zu schreiben. Außerdem muss ich mich auf Ostern vorbereiten. Kleiner Haushaltstipp für alle: Um ein schönes, gleichmäßiges Muster auf die Eier zu zaubern, eignen sich mit Fingerfarbe bestrichene Faszienrollen einfach perfekt.

Glendern

Es wird Zeit, dass wir alle wieder in die Kneipe gehen. Und zwar so richtig, wie früher. Besonders Frauen brauchen doch einen Ort, an dem sie sich geborgen fühlen können. Einen Safe Space, wo sie die Getränke nicht mehr umständlich von der Flasche ins Glas, sondern direkt in sich selbst hinein- schütten können. Gerade Mütter müssen endlich wieder halb nackt auf der Theke tanzen dürfen, ohne dass da direkt ein Säugling andockt!

Aber auch kinderlose Karrieristinnen wie ich wollen mal wieder ein paar intellektuell unterkomplexe Angebote wahr- nehmen: Gespräche mit Männern zum Beispiel. Die sollen ja auch wieder am gesellschaftlichen Leben teilhaben können. Ohne diese ständige Verunsicherung, die sie umtreibt, was gewisse Dinge angeht. An der Theke kann endlich mal ein Austausch auf Augenhöhe stattfinden. Da trauen die sich dann sogar, mir ganz persönlich mal diese eine Frage zu stel- len, die sie nachts nicht schlafen lässt, nämlich: »Du, Katin- ka, sach mal: Was hältst du eigentlich von diesem ... diesem Gendern?«

Ja, auch deswegen ist es wichtig, dass wir wieder in die Kneipe gehen. Denn nüchtern betrachtet kannst du so einem Typen ja nur antworten: »Na ja, was soll ich davon halten? Wer nicht gendert, kommt sofort in den Knast! Vier Jahre, ohne Bewährung, mindestens! Die Bundesregierung denkt ja sogar wieder über die Prügelstrafe nach, habe ich gehört. Steht im Internet, irgendwo, kannste nachlesen.«

Magste aber nicht machen, in der Kneipe, in der Situation. Sondern du musst erst mal kurz schlucken, und zwar dein Bier, auf ex. Um deine Zunge zu ölen, für die richtige, ironiefreie, ehrliche, pädagogisch wertvolle Antwort auf diese Frage, die da lautet:

»Hey, Mann, es ist so: Erst mal finde ich es total toll, dass du in mir eine kompetente Ansprechpartnerin siehst und dich direkt an mich wendest. Gute Wahl. Und da ich mich ja beruflich seit vielen, vielen Jahren sowohl mit der deutschen Sprache als auch mit Menschen und gesellschaftlichen Entwicklungen beschäftige, sage ich dir: Ja, bitte gendere, überall und immer, und vor allem richtig. Ich weiß, das klingt anstrengend, gerade für Menschen, die nicht zum Multitasking fähig sind. Aber weißt du was? Es reicht ja erst mal, wenn du dich bemühst, okay? Ich persönlich erwarte ja gar nicht mehr, dass alle immer und überall dran denken, das Richtige zu tun. In einer Notsituation bin ich die Allerletzte, die da kleinlich wird. Wenn zum Beispiel jemand auf der Straße umfällt und alle kreischen: ›Schnell, ein Arzt! Wir brauchen einen Arzt!‹, dann bin ich bestimmt *nicht* diejenige, die mit erhobenem Zeigefinger aus dem Kreis der Gaffenden hervortritt, um zu belehren: ›Eine Ärzt*in* könnte aber doch wohl genauso gut helfen, oder?‹

Nein, ich bin die, die die 112 anruft und anschließend schaut, dass die verletzte Person bis zum Eintreffen des Rettungswagens entsprechend ihrer Gesichtsfarbe richtig gelagert wird. Und wenn ich nicht vor Ort bin, ist das genau das, was du tun solltest, verstanden? Und falls du nicht mehr weißt, wie das geht, wird es Zeit, dass du mal deinen Erste-

Hilfe-Kurs wiederholst. Und bevor du dich jetzt hier selbst in die instabile Seitenlage bringst, möchte ich direkt auf deine nächste Frage eingehen, die dir äußerst unschmuck ins Gesicht geschrieben steht, nämlich: ›Aber versaut dieses Gendern nicht unsere wunderschöne Sprache?‹

Nun, kurz vorweg, wenn du bei meinem wundervollen Bühnenprogramm gelauscht oder meine Bücher gelesen hättest, wüsstest du, dass unsere Sprache wirklich andere Versaubaustellen hat und es wirklich nur eine winzige, überwindbare Hürde darstellt, an den entsprechenden Stellen ein ›innen‹ dranzuhängen, statt beleidigt rumzunölen: ›Aber die schlauen Frauen wissen doch, dass sie immer mitgemeint sind!‹

Also: Vor dir sitzt eine schlaue Frau. Und Überraschung, es gibt Milliarden schlauer Frauen und die sind nicht alle gleich, sie haben teilweise andere Meinungen, sogar zu diesem Thema. Zum Beispiel meine Mutter. Die sagte neulich zu mir: ›Katinka, dein Vater ist jetzt Ende siebzig, dem gendere ich nicht mehr hinterher!‹ Und da hat sie recht! Nicht nur, weil sie immer recht hat, sondern weil das wirklich nicht ihr Job ist. Die Frau hat genug andere Dinge zu tun, als ihrem eigenen oder gar wildfremden Männern hinterherzugendern. Und selbst meine Zeit ist mir zu kostbar und grundsätzlich ist es ja so: Wenn du, Mann, glaubst, dass sich die Gesellschaft nicht mit der Sprache wandelt, sondern es umgekehrt funktioniert, dann begrüße ich das. Herzlichst!

Und du musst auch jetzt nicht ganz alleine die Gesellschaft ändern, sondern nur dich selbst. Sprich: Sorge für Gleichberechtigung unter den Geschlechtern, indem du einfach fünfzig Prozent der Hausarbeit, Kindererziehung und Pflege von bedürftigen Angehörigen übernimmst. Alternativ, falls du glaubst, du kriegst das nicht gewuppt, kannst du natürlich die Frau an deiner Seite entsprechend entlohnen, finanziell. Und wenn du Single bist, hat das erstens Gründe, aber zweitens kannst du dich aktiv für jede Frau einsetzen, der Unrecht widerfährt. Du gehst mit der Kollegin in die Personalabteilung, um anzuprangern, dass sie weniger Gehalt als du bekommt; wenn sie angemacht oder gar angefasst wird, stellst du dich dazwischen. Du beurteilst Frauen einfach nach ihrem Wissen und Können und nicht nach ihrer Körbchengröße oder der Rocklänge und unterschreibst natürlich die Petition dafür, dass Monatshygiene weltweit umsonst erhältlich ist. Solange sich das nicht durchgesetzt hat, wirst du eine Frau niemals darauf ansprechen, ob sie vielleicht so komisch ist, weil sie gerade hormonell aufgeladen ist, sondern du hast einfach alle Produkte in deiner Handtasche, die sie in dem Fall benötigen könnte: Tampons, Binden, Schokolade, Wärmflasche, einen niedlichen Welpen. Außerdem machst du, falls du an heterosexuellen Interaktionen interessiert bist, das Thema Verhütung zur Chefsache, sprich: Du hast immer Kondome zur Hand und falls sich irgendwann abzeichnet, dass beidseitig kein Kinderwunsch besteht, dann sage ich nur: ein kleiner Schnitt für den Mann, ein großer Schritt für die Menschheit! Wenn du all das beherzigst, dann musst du auch nicht mehr gendern. Nach Feierabend. Aber natürlich *darfst* du. Es ist ein freies Land. Glaube mir, dein Partner sieht das ähnlich.«

»Partner? Du meinst Partnerin!«

»Siehst du, geht doch, Prost!«

Damit wäre dann alles gesagt, für immer. Leider kommt frau ja selten so weit im echten Leben. So traurig es ist, aber wir schulden es der Realität, dass wir das Gespräch ein ganz klein wenig zurückspulen, und zwar bis zu der Stelle, an der die schlaue Frau dem Mann antwortet: »Erst mal finde ich es total toll, dass du ...«

Denn an dieser Stelle unterbricht der Mann für gewöhnlich. Er hat nämlich die Wörter »toll« und »du« aus dem Satz herausgefiltert und muss jetzt seinen Witz loswerden, den er mühsam eingehalten hat. Der Witz ist ungeheuer komisch, also dafür, dass er von einem Mann kommt. Sagt der Mann also: »Ja, nee, mit dem Gendern, das verunsichert mich nämlich voll. Also, soll ich jetzt statt ›Zapfhahn‹ vielleicht ›Zapfhuhn‹ sagen? ›Zapfhuhn‹, haha, verstehste?«

Ja, verstehe ich. Ich verstehe sogar, wenn jemand darüber lacht. Ich meine, kann ja sein, dass es wirklich Leute gibt, die den noch nie gehört oder gelesen haben. Alles ist möglich, auch hier in diesem Buch.

Denn gemeinsam lösen wir jetzt das Problem, den ewigen Konflikt, wir beenden das Dilemma, indem wir jetzt noch mal ganz zurückspulen. An den Anfang dieses Textes. Da ist mir nämlich ein Fehler unterlaufen. Ich schrieb: »Es wird Zeit, dass wir alle wieder in die Kneipe gehen«, dabei meinte ich: »Es wird Zeit, dass wir alle wieder in *die* Kneipe gehen.« Und mit »*die* Kneipe«, meine ich *meine* Kneipe, in Köln.

Denn diese Lokalität ist das Paradies auf Erden. Zwar ruht dort das Lamm nicht neben dem Löwen, dafür ist es meist zu laut und immer zu dunkel. Was durchaus gewollt ist, denn der Laden ist doch etwas durchgetanzt, sogar an der Decke. Aber dennoch herrscht in diesem Lokal Frieden in der persönlichen Ansprache, Konsens in ganzen Sätzen. Wer an die Theke tritt, um Zeugnis abzulegen, ganz gleich, ob Mann oder Frau, ob dazwischen oder noch unentschlossen: Niemand gendert. Alle glendern.

Ja, richtig gelesen, wir *glendern*.

Eingeführt wurde dieses geniale Konzept natürlich von dessen Namensgeber Glen, the Männ, unserer Fachkraft für Gleichstellung bei der Getränkebestellung, dem lebenden Beweis dafür, dass unsere Sprache nicht nur der Aufsicht von Außenstehenden, sondern einer gepflegten Grammatikrasur bedurfte. Oder wie Glen es ausdrücken würde: »Du weißt, wie ick mein!«

Der Legende nach kam Glen als Sohn eines menschlichen Iren und einer menschlichen Irin in Irland auf die Welt, ist somit also geborener Gitarrengott. Das ist auch in Köln weltweit bekannt, allein die großen Plattenfirmen zweifeln Glens Status weiterhin an. Deren Verlust, unser aller Gewinn. Denn so müssen wir nicht an Wunder glauben, sondern können sie bezeugen. An jedem Abend, seit Anbeginn der Zeit, seit Eröffnung unserer Kneipe vor zwanzig Jahren. Als Glen nämlich vor vielen, vielen Monden vor der Theke gefunden wurde, legte einer der drei weisen Chefs ihn direkt wieder hinter die Theke, auf dass Glen seinen Rausch ausschlafen möge. Am Abend des dritten Tages erstand Glen wieder auf und brauchte nur einen Gin Tonic und keine fünf Minuten, bis er die deutsche Sprache von dem befreite, was sie für andere Völker widerlich und unbrauchbar erscheinen ließ. So tötete der heilige Glen mit einem einzigen kräftigen Zungenschlag nicht nur sämtliche überflüssigen Fälle, etwa den abscheulichen Akkusativ und den dämonischen Dativ, sondern erfand gleichzeitig das glenerische Femininum.

Unvergessen bleibt daher wohl sein erster Vortrag als Barkeeper und Gästedozent: »Ey, you bastards, ick sage dick und dick und dick, und ick sage es nur diese eine Mal: Wenn eine von euch verdammte Type hier noch einmal auf die Hocker steigt und auf die Theke tanzt, wenn ick die fucking Glaser spule, dann schmeiß ick direkt wieder die Handtuuk, weißt, wie ick mein? Dann kann die Chef mal gucken, wo die bleibt, ohne mick is die Laden tot. Und die Affe zu!«

Und ja, wir wussten ganz instinktiv, wie die Glen meint. Und wen die Glen meint. Nämlick uns alle. Wer von nun an zu langsam oder einfach zu unaufgeschlossen war, die neue, verbesserte Mischung aus Kölsch, Englisch und Attitüde zu übernehmen, würde hier schnell auf dem Trockenen sitzen. Eine Nachfrage kam dann doch noch, natürlich von den oberen Rängen.

»Äh, Glen ... also, ich bin Chris, einer deiner Chefs, falls du es vergessen hast. Dann gibt es aber noch *die* Chris, die hier auch arbeitet, sollte aber kein Problem sein, wenn du die Chris einfach Christine nennst und ...«

Und Glen stimmte zu, dass das kein Problem werden würde, zumindest nicht, während seiner Schicht. Er rückte seine Sonnenbrille zurecht und ließ dann alle wissen: »Hör ma, wie ick wat zu wem sage, ist meine Sache. Wenn ick hinter die Theke steh, bist du *der* die Chris und die Chris heißt ... *die* die Chris! Und wenn dir nick gefällt, kriegst du hier keine Deckel!«

Der die Chris begehrte noch einmal auf: »Aber Glen, ich bin der Chef hier, ich bezahle dich!«

Und wir alle riefen: »Die Chef, Chris, du bist die Chef!«

Glen korrigierte: »Wer vor die Theke sitzt, ist die Gast. Die Chef steht hinter die Theke! Und wenn ihr das nick lernt, ihr kriegt die Hausverbot. So!«

Hach ja, es wird Zeit, dass ich mal wieder in meine Kneipe komme. Bin etwas eingerostet, was die glenerische Femininum angeht. Aber falls ich demnächst einen oder eine von euch treffen sollte und ihr mit mir über gendergerechte

Sprache diskutieren wollt, dann besprechen wir das doch am besten in der Kneipe. Ich meine, in die *die* Kneipe. Dann setzen wir uns an die Theke und schauen mal, wer da an die lustige Zapfhuhn steht. Oder heißt es: *das die Zapfhuhn?* Ich kann nur versprechen: Es gab schon für weniger blöde Fragen Hausverbot.

Der Tierzoo an der Autostraße

Mein Bruder war etwa acht, ich ungefähr dreizehn Jahre alt, als er mich das erste Mal wirklich überraschte. Mit einem nahezu philosophischen Gedankenspiel, welches er wohl ersonnen hatte, während wir uns im Fernsehen irgendeine Räuberpistole ansahen. Er räsonierte: »Katinka, wenn mich mal ein Räuber überfällt, also mir eine Pistole an den Kopf hält und sagt: ›Geld oder Leben!‹, dann würde ich immer sagen: ›Nimm das Geld!‹«

In diesem Moment wäre mir fast die Hand ausgerutscht, die meinem Bruder den Kopf tätscheln wollte. Herrje, er war halt nicht das schärfste Messer im Block, aber er hatte das Herz auf dem rechten Fleck. Und wenn er weiter am Ball bliebe, könnte er vielleicht eines Tages sogar dieser »junge Mann zum Mitreisen« werden, der an jedem Fahrgeschäft auf der Kirmes gesucht wurde. Es stellte sich aber heraus, dass mein Bruder seine Betrachtungen zum Thema noch gar nicht beendet hatte, denn er fügte hinzu: »Weil wenn ich sage: ›Leben‹, dann bringt der mich ja um. Und nimmt mein Geld ja trotzdem! Dann hätte der mich ja auch noch voll angelogen! Drei Verbrechen auf einmal, das geht echt nicht!«

Mein Bruder schwankte zwischen Triumph und Empörung. Mir blieb nur zu sagen, was jede große Schwester zu ihrem kleinen Bruder gesagt hätte, zumindest in unserer Familie: »Man fängt keinen Hauptsatz mit ›Weil‹ an. Merk dir das!«

Und das hat er sich gemerkt, soweit ich weiß. Weil das kannst du einfach nicht bringen ab einer gewissen Gehaltsklasse. Und zwar der, in der sich mein Bruder mittlerweile befindet. Denn nur wenige Dekaden nach unserem Diskurs über Kriminalität, Moral und Satzbau hat sich einiges geändert. Mein kleiner Bruder überragt mich nicht nur körperlich, sondern auch in den Disziplinen Schnellsprechen, Partytricks und anlassloser Kostümierungswahn. Diese Soft Skills sind karriereentscheidend, wenn du im Rheinland wohnst. Und wenn du zuvor noch ein Studium abgeschlossen hast, in dem du dir zusätzlich Hard Skills zugelegt hast, kannst du sogar richtig Geld verdienen. Das hätte *ich* mir mal merken sollen. Ich gönne meinem Bruder seinen Erfolg. Das Einzige, was mich an seinem Lebensentwurf manchmal wurmt, ist, dass er das mühsam von mir gepinselte Bild von beruflicher Selbstständigkeit, welches ebenso lange wie schief in den Köpfen unserer Eltern hing, erschreckend gerade gerückt hat: Meine Version zeigte ein wankendes Genie im stetigen Kampf mit dem Fiskus, der Hintergrund in prekären Farben gehalten, die Perspektive insgesamt düster. Die Neuinterpretation meines Bruders hingegen ist eher eine lichtgetränkte Landschaftsmalerei, hinter dem pastellfarbenen Horizont geht es immer weiter und das gesamte Arrangement bleibt dabei sogar in einem geschmackvollen Rahmen, kürzer gesagt: Es hat sich herausgestellt, dass das schlaue Kind der Familie nach mir geboren wurde. Damit kann ich leben. Meistens sogar davon. Aber natürlich bleibt die Konkurrenz unter Geschwistern, besonders, wenn sie so aufgezogen wurden wie mein Bruder und ich.

Ursprünglich ging es um eine Uhr. Also ein Zeitmessgerät, welches man mittels eines Armbandes um das Handgelenk befestigt, auf dass es einem zuverlässig die aktuelle Uhrzeit anzeigen möge, sogar auf die Sekunde genau. Nicht mehr, nicht weniger. Nun sollte dieses spezielle Chronometer, welches mein Bruder sich zulegen wollte, eher mehr kosten. Genauer gesagt, war diese Armbanduhr in einem Preissegment angesiedelt, das von normalen Menschen in Kleinwagen umgerechnet wird. Da meine mathematischen Fähigkeiten sowie meine Kenntnisse über Automobile jedoch genauso begrenzt sind wie die Liebe und Sorge um meinen Bruder grenzenlos, teilte ich ihm mit: »Boah, was für eine Verschwendung! Also, für das Geld kannst du mich auch zwanzig Jahre lang Tag und Nacht anrufen und ich sag dir dann auch, wie spät es ist. Auf die Sekunde!«

Für einen kurzen Moment hatte ich wohl vergessen, dass mein Bruder und ich verwandt sind. Der schlug nämlich in meine freie Hand ein und rief: »Deal!«

Das ist jetzt etwa fünf Jahre her. Und ich muss meinem Bruder zugestehen, dass er diesen Kuhhandel nicht so sehr ausgenutzt hat, wie es ihm möglich gewesen wäre. Lediglich drei Mal riss er mich in tiefster Nacht aus dem Schlaf und bei nur zwei dieser Gelegenheiten befand ich mich im Urlaub. Bei seinem letzten Anruf, an einem Sonntag um 02:54 Uhr und 23 Sekunden, stellte er fest: »Katinka, irgendwie ist das dämlich. Ich meine, wenn ich anrufe, um dich zu wecken, dann sehe ich ja schon auf meinem Handy, wie spät es ist. Da ist dann irgendwie keine Überraschung mehr.«

Schlaftrunken stimmte ich ihm zu: »Ja, das ist natürlich nur der halbe Spaß für dich, klar. Aber wenn es dich tröstet: Ich werde ja auch erst nach Erfüllung des Vertrages von dir bezahlt, also in knapp fünfzehn Jahren. Wenn ich diesen Nervenkrieg überlebe. Also, da hast du wirklich Verhandlungsgeschick bewiesen, Respekt, Hut ab!«

Mein Bruder wirkte gebauchpinselt, aber leider auch wesentlich wacher als ich: »Ja, also, deswegen habe ich mir überlegt: Ich erlasse dir zehn Jahre als Zeitansage, aber dafür könntest du mir ja stattdessen noch ... ich weiß nicht, vielleicht ein paar Kurzmeldungen anbieten. Also, von einem Themengebiet, von dem du Ahnung hast. Politik, Finanzwesen, Naturwissenschaften ... das fällt alles flach, klar. Aber: Was könntest du denn anbieten, Katinka? Wo liegen deine Talente?«

Ich überlegte ernsthaft, ob ich einfach auflegen sollte. Aber die Möglichkeit, früher aus dieser Leibeigenschaft herauszukommen und meinem Bruder gleichzeitig eins auszuwischen, ließ mich zur Höchstform auflaufen. Also sagte ich nur ein Wort: »Haarfrisur.«

Allein dafür, dass mein Bruder eine Sekunde zögerte, bis er antwortete, hatte sich der Einsatz gelohnt. Dann aber schloss er messerscharf: »Ah! Haarfrisur! Verstehe, das ist gar kein richtiges Wort, das ist Unfug. Aber doppelt gemoppelt. Lustiger Unfug, juhu!«

Ich belehrte meinen Bruder: »Genau genommen, also sprachlich exakt, ist das nicht ›doppelt gemoppelt‹, sondern ein ›Einwortpleonasmus‹. Sozusagen ein aus zwei Nomen zusammengesetztes Hauptwort, ein kompakter ›weißer Schimmel‹, wenn du so willst. Und wenn du die amüsant findest, Bruder, dann spüre ich die auf und berichte dir dann davon, sobald mir einer unter die Augen kommt. Oder nur zu Ohren. Deal?«

Mein Bruder ist ein gewiefter Geschäftsmann. Er rechnete das neue Leistungspaket kurz durch und gab daraufhin sein Gegenangebot ab: »Ja, das klingt doch schon sehr gut, aber wenn ich so etwas höre, dann kann ich dich auch anrufen, oder? Wie war noch der Fachbegriff?«

»Einwortpleonasmus!«, wiederholte ich laut. Denn wenn man etwas zum zweiten Mal sagt, das man gerade erst erfunden hat, klingt es nicht mehr so richtig gelogen. Und lügen, das macht man ja nicht, das ist ganz schlimm. Schlimmer ist eigentlich nur noch, wenn dein Bruder dich nicht mehr in aller Herrgottsfrühe senkrecht an die Decke springen lässt, damit du ihm bestätigst, dass es tatsächlich exakt 05:15 Uhr und 43 Sekunden am Ostermontag ist. Sondern er dich jetzt zu seinen handelsüblichen Geschäftszeiten anruft und grußlos »Tierzoo! Haha, Tierzoo! Eins-a-Einwortpleonasmus« in den Hörer brüllt und dann sofort wieder auflegt. Wahrscheinlich, weil er sich gerade in einem wichtigen Meeting befindet. Langsam mache ich mir Gedanken, ob mein Bruder im Büro schon als genauso merkwürdig gilt wie ich zu Hause. Um ihn auf diese Möglichkeit aufmerksam zu machen, rufe ich ihn jetzt oft auf seinem Festnetz dort an und brülle nur »Autostraße! Du bist wieder dran!« auf den Anrufbeantworter. Dann rächt er sich, indem er heimlich zu meinen Auftritten kommt und: »Anziehungsmagnet!« in die Menge kräht. Aber da sitze ich am längeren Hebel, beziehungsweise am Mikrofon. Ich unterbreche dann die Darbietung unauffällig und rufe »Du gehörst doch in den ... Verbrecherknast!« ins Publikum. Wobei ich zugeben muss, dass es sich nur einmal derartig hochgeschaukelt hat und eine leichte Verwirrung im Saal entstand, weil jemand in der ersten Reihe sich angesprochen fühlte, aufstand und zugab: »Ja, okay, ich habe gestern meinen Deckel nicht bezahlt, aber das war auch in dieser Säuferkneipe ...«

»Hey«, rief mein Bruder dem Zechpreller zu: »Der war gut, Sie dürfen mitspielen! Und wenn Sie gewinnen, dürfen Sie mir auch immer sagen, wie spät es ist, für die nächsten zwanzig Jahre!«

Unruhe machte sich im Publikum breit. Ein weiterer Herr mischte sich ins Gespräch ein: »Entschuldigen Sie, aber wenn Sie jetzt Ihre Privatgespräche führen, dann würde ich kurz rausgehen, um mir noch ein Pilsbier zu holen ...«

»Pilsbier!«, schrien mein Bruder und ich gleichzeitig: »Großartig, Sie sind im Game!« Mein Bruder fügte natürlich noch hinzu: »Und wenn Sie noch so 'nen Knaller raushauen, dann müssen Sie mir nur noch in den nächsten zehn Jahren die Zeit ansagen ...«

»Wie unfair! Das gildet nicht!«, schrie ich. Dann wachte ich auf.

»Was gildet nicht?«, fragte mein Bruder. Durchs Telefon. Ich lag im Bett, es war 09:01 Uhr morgens und 14 Sekunden und offenbar hatte ich im Schlaf seinen Anruf entgegengenommen. Ich hatte den letzten Teil nur geträumt. Jetzt war ich wach genug, um ein neues Angebot meines Bruders wahrzunehmen. Er sagte: »Katinka, wir müssen davon runterkommen. Also, den Haarfrisuren, den Autostraßen. Vielleicht auch von den Architektenhäusern. Da bin ich noch unsicher, denn die meisten Häuser, die noch stehen, wurden ja wahrscheinlich von Architekten entworfen, also abgesehen von dem, in dem du wohnst ... Ich denke wirklich nur noch über Einwortpleonasmen nach, das geht nicht in meinem Job!«

Als ob das in meinem Job gehen würde, dachte ich, sagte aber: »Also wenn du da in deinem Arbeitsbüro drüber nachdenken musst, dann ist das ja wirklich kein Freudenspaß mehr ...«

Mein Bruder schnaufte, dann gab er sich geschlagen und schlug vor: »Katinka, wenn du die Rede bei unserer Hochzeit hältst, dann rufe ich dich nicht mehr an, um nach der Uhrzeit zu fragen, okay? Und du mich aber auch nicht, sondern wir schreiben uns nur Textnachrichten, wenn uns wieder ein Einwortpleonasmus begegnet. Sonst werden wir das nicht mehr los, dieses Monsterungetüm ...«

Ich überlegte kurz. Es war im Grunde eine Entscheidung zwischen Geld oder Leben. Also willigte ich ein. Ich hielt die Rede bei der Hochzeitsheirat meines Bruders und meiner Schwägerin, seiner damaligen Angetrautenbraut und jetzigen Ehegattin. Ich hielt diese Vortragsrede zweimal hintereinander. Beim ersten Durchgangslauf brauchte ich sechsundvierzig Sekunden und es war ein Mischmix der Gefühlsemotionen. Die Großteilmehrheit verstand nur Zugbahnhof, aber mein Bruder hatte Pipiwasser in den Augen. Dann wiederholte ich den gesamten Text noch mal, sodass auch die Gästegesellschaft ihn verstehen konnte, und brauchte dazu ganze vierzehn Minuten.

Was Schnellsprechen angeht, habe ich meinen Bruder damals besiegt. Aber es ist eine Frage der Zeit, bis er mich da einholt. Ich weiß, er übt oft, und stoppt die Zeit. Am Handytelefon.

War zu viel?

Ich befand mich bisher nur einmal in der überaus glück-lichen Lage, an nur einem Abend gleich zwei Genies bei ihrer Arbeit beobachten zu dürfen.

Die erste geniale Vorführung des Abends war geplant: Ich traf eine Kollegin, die ich schon lange kenne und sehr schät-ze. Wir sehen uns sogar selten genug, um auch immer noch privat befreundet zu sein. Nach ihrem grandiosen Auftritt musste ich ihr also auch gar keinen Honig ums Maul schmie-ren, sondern nur lobend erwähnen: »Hey, du warst stabil da oben, aber lass uns jetzt mal schnell ein Bier trinken gehen, damit du wieder runterkommst.«

Und sie antwortete: »Danke, Katinka. Aber da du mir jetzt keinen Honig ums Maul geschmiert hast, verspüre ich doch etwas Nachhunger. Wo kann man denn hier um die Zeit noch was essen?« Gerade gute Freundinnen stellen manchmal blö-de Fragen: In einer Großstadt wie Köln kann man natürlich immer und überall was essen. Bis zweiundzwanzig Uhr so-gar mit Indoor-Sitzgelegenheit. Unsere Wahl fiel daher auf ein Lokal, welches um Viertel nach zehn durch sein relativ ein-ladendes Ambiente herausstach: Koch und Kellnerin standen zwar schon vor der Tür und rauchten, aber die Stühle noch nicht auf den Tischen. Auch der Inhaber empfing uns herz-lich: Natürlich sei die Küche noch geöffnet und wenn wir Spei-sen und Getränke gleichzeitig bestellten, kämen die dann auch

gleich. Und vor allem zeitig. Dabei trommelte er vergnügt ge-
hetzt auf der Tischkante und schaute mehrmals auf die Uhr.

Ich bin eine erfahrene Spätesserin, schon immer. Daher
weiß ich, wie ich auch unter Zeitdruck an Mahlzeiten ge-
lange, die warm *und* gar sind. Generell gilt: Immer die un-
komplizierten Klassiker bestellen: also zweimal Spaghetti
carbonara und zwei Flaschenbier, danke, gute Wahl, prego,
wumms, Vorsicht, heiß, buon appetito, signoras!

Wir betrachteten stumm unsere Teller. Auf den ersten
Blick deutete vieles auf ein Hassverbrechen hin. Bei den
Nudeln hatte die Totenstarre schon eingesetzt. Die anderen
Zutaten schienen Kollateralschäden zu sein. Zufallsopfer, die
das Pech hatten, zum falschen Zeitpunkt in der falschen Küche herumzuhängen. Aber wie hatte der Täter es geschafft,
alles zu einem triefenden Würfel zu formen?

»Sezieren und probieren«, murmelte ich. Wir rieben uns
das bereitstehende Knoblauchöl unter die Nasen und stachen
die Gabeln in die erkalteten Klumpen. Nach dem ersten Bissen
wurde uns beiden klar: Wir würden den Fall nicht weiterver-
folgen können. Die Indizien dafür, dass es sich bei dem, was
auf dem Teller lag, jemals um etwas Essbares oder auch nur
Organisches gehandelt haben könnte, waren nicht eindeutig
genug. Demütig legten wir das Besteck nieder, mein Magen
knurrte eine Melodei, die vage an »Candle in the Wind« erinnerte. Vielleicht klang es auch nur nach einem wütenden
Rumpeln, jedenfalls lockte das Geräusch die Kellnerin an.
Die schaute kurz auf die von uns fast unangetasteten Pasta-
blöcke, dann griff sie mit geübter Abräumhand nach unseren
Tellern. Der Moment war lang genug, um mich nachdenken
zu lassen, ob ich gleich auf die unweigerlich folgende Frage,
vorgebracht mit angetäuscht enttäuschter Miene: »Oh, hat's

nicht geschmeckt?«, *einmal* würde ehrlich antworten können. Oder sogar müsste. Schon holte ich Luft, um höflichst den Satz hervorzubringen: »Ehrlich gesagt: Ja, es hat *überhaupt* nicht geschmeckt.« Aber dazu kam es nicht. Denn die Kellnerin entpuppte sich als das zweite Genie dieses Abends: Sie lächelte uns an, dann stellte sie uns eine andere, vollkommen überraschende Frage, nämlich: »War zu viel, ne?«

Und was antworteten wir da, wir schlagfertigen Schriftstellerinnen, wir gewieften Rampensäue, wir metropolisch versierten Großmäuler? Nein, nicht nichts, sondern: »Ein bisschen, ja.«

»Ja, die Portionen sind zu groß für den Preis, sage ich immer wieder«, flötete die Kellnerin und tänzelte mit unseren Tellern in die Küche. Mein erster Impuls war, aufzustehen und laut zu applaudieren. Zum Glück unterdrückte ich diesen, schließlich befanden wir uns immer noch in einer Pizzeria und nicht im Theater. Ich tat also wie meine Freundin und zollte dieser Ausnahmekellnerin Respekt, indem ich mein Bier auf ex trank. Danach diskutierten wir ihre Darbietung, hitzig und flüsternd, wenn auch wenig kontrovers: »Wie geil war das denn bitte?«, wollte ich wissen und da meine Kolleginnenfreundin eine vielfach ausgezeichnete ist, auch mit richtigen, dotierten Preisen, antwortete sie auf diese Frage nicht mit »Supergeil«, sondern wesentlich wertiger: »Das war verstörend, aber auch großartig. So mit den Erwartungen des Publikums zu spielen, das kannst du natürlich nur, wenn du das Timing perfekt beherrschst. Erst dachte ich, es hätte die Zugabe nicht gebraucht, aber im Nachhinein war die auch wichtig. Ich meine: Ist dir jemals der Wind so aus den Segeln genommen worden wie von dieser Frau gerade, Katinka? Ich meine: ›War zu viel?‹ Fantastisch, ganz große Kunst!«

Da ich auch mal Preise gewinnen will, fügte ich hinzu: »Ja, stimmt. Das war sehr ... *inspirierend*.«

Leider hatte ich mit dieser Aussage das Interesse meiner Freundin geweckt: »Echt? Wozu inspiriert es dich, Katinka?«

Ich sollte nachdenken, bevor ich was sage, aber wenn ich einmal den Mund aufgemacht habe, geht der auch nicht so schnell wieder zu: »Na ja, es inspiriert mich dazu, es zu klau... zu adaptieren. Auf andere Lebensbereiche. Und Branchen. Die Bahn könnte das nutzen, statt ›Verzögerung im Betriebsablauf‹ oder ›Verspätung eines vorausfahrenden Zuges‹ einfach mal durchsagen: ›War zu viel, ne?‹ *Das* wirkt wenigstens ehrlich, das weckt Verständnis!«

Meine Freundin erwiderte: »Du denkst immer so kompliziert, Katinka. Das geht doch viel direkter. So im privaten Bereich zum Beispiel. Vielleicht bei einem One-Night-Stand, der nicht sooo der Hit war. Bevor der Typ dann fragt, ob er gut war, sagt man einfach: ›War zu viel, ne?‹ Das erspart Peinlichkeiten, garantiert. Und wirkt bestimmt nachhaltig.«

»Stimmt. Und wenn der dann immer noch nicht abhaut, kannst du direkt nachlegen mit: ›Ich sage ja immer, dass die Portionen zu groß sind für den Preis.‹«

Meine Freundin lächelte mich auf eine Art an, die mich noch vor Kurzem verunsichert hätte. Nun konnte ich schnell klären: »War zu viel, ne?«

Das besorgte Lächeln wich dem begeisterten Strahlen: »Bäm! Genau so funktioniert's! Man muss es halt raushauen, bevor der andere was anderes sagen kann. Bei einer Tournee, nach Auftritten zum Beispiel. Wir wären heute viel schneller aus dem Theater raus gewesen, wenn diese eine Flitzpiepe nicht den Verkehr am Büchertisch aufgehalten hätte! Und so ein Typ ist ja bei fast jeder Lesung, oder? Statt einfach ›Danke für den schönen Abend‹ zu sagen, kommt dann: ›Über die-sen einen Text aus der ersten Hälfte, da würde ich jetzt gerne noch mal mit Ihnen drüber reden, das sehe ich nämlich völlig anders, blablabla ...‹ Einfach das Gelaber im Keim ersticken und fragen: ›War zu viel, ne?‹ Oh, das mache ich beim nächs-ten Mal. Das wird toll!«

»Das ist nicht toll, das wird fantastisch! Das mache ich auch demnächst. Ach, hättest du das doch schon heute zu dem Kerl gesagt, dann hätten wir noch die Straßenbahn da-vor bekommen und hätten woanders was essen gehen kön-nen ...«

»Aber wenn wir woanders was gegessen hätten, dann wüssten wir ja jetzt gar nicht, was zu viel ist, ne?«

»Du hast wahrscheinlich recht, aber ich muss gestehen: Das *wird* mir jetzt zu viel, ich vertrage kein Bier mehr, auf nüchternen Magen. Vielleicht ist irgendwann auch einfach mal ... nur genug? Oder einfach nur ...«

»Feierabend«, rief die Kellnerin ziemlich laut, obwohl sie schon direkt am Kopf unseres Tisches stand. Wie lange hatte sie schon dort gestanden? Schwer zu sagen, jedenfalls emp-fahl sie uns zum Abschied: »Nächstes Mal vielleicht besser direkt zum Büdchen gehen, wenn man eigentlich nur schnell was trinken und quatschen will. Da ist auch das Bier viel günstiger! Schönen Abend trotzdem noch!«

Wir bedankten uns überschwänglich mit albernem Win-ken und einem angedeuteten Kniefall. War das zu viel? Nein. Denn ich glaube, ich weiß jetzt auch, wie ich zukünftig Miss-verständnisse bei meinen Auftritten vermeide. Und zwar präventiv. Bevor ich mit dem Lesen beginne, sage ich kurz durch: »Wenn ihr nur zum Quatschen hier seid: Bier ist im Büdchen übrigens viel günstiger!« Dann kann man den Saal im Zweifelsfall noch verlassen, ohne dass es peinlich wird für alle Beteiligten. Und da gelöste Tickets nicht rückerstattet werden, haben alle was von dem Abend. Einfach genial. Nein, zweifach.

Am Fenster

»Am Fenster«. Ich glaube, das ist der poetischste Titel, den ich jemals einem Text verpasst habe. »Am Fenster« – das ist ja nahezu blumig-verträumt für meine Verhältnisse, verdammt knapp an »zauberschön« vorbeigeschrappt. Wer jetzt Angst hat, dass ich auf meine mittelalten Tage in Kitsch abdrifte: Entwarnung. Denn das besagte Fenster ist kein Symbol oder gar eine Metapher für irgendetwas anderes, das nicht ganz dicht ist. Ich stehe oft am Fenster. So lässt es sich am einfachsten öffnen. Für die meisten Menschen war Stoßlüften bisher nur eine Randsportart, aber in den letzten Jahren bin ich begeisterte Anhängerin dieser Disziplin geworden. Eine Kulturtechnik, die bleiben sollte, finde ich. Corona hat mich zur Frischluftfanatikerin gemacht: Vielleicht sollte ich Onlinekurse anbieten oder einen YouTube-Kanal einrichten: »Hallo, ich bin's wieder, eure Durchzugsdomina, und heute nehme ich euch ganz hart ran! Dann jetzt heißt es wieder: aufreißen, aufreißen, aufreißen! Ran an die Griffe und wehe, eins von euch Weicheiern stellt auf Kipp!«

Hm, das wird ab der achten Folge etwas monothematisch, fürchte ich. Außerdem müsste ich in einer anderen Wohnung filmen, wenn ich meine Follower bei der Stange oder zumindest am Fenster halten will. Ein Lernziel des Lüftens ist ja, die Behausung vor Schimmelbefall zu schützen. Das hat bei uns jetzt nicht sooo gut geklappt. Als es im Bad anfing, etwa drei

Jahre nach unserem Einzug, behauptete unser Vermieter, es läge an mangelndem Luftaustausch. Ich konterte, dass ich meist den ganzen Tag zu Hause sei und in meinen Schreibpausen nichts anderes täte, als zu lüften, außer am Wochenende, da lüftete ich eigentlich nur, jeweils unterbrochen von zwei zehnminütigen Pausen, in denen ich schriebe.

»Ah, da ham wir's ja!«, sagte der Vermieter. »Sie sind zu viel zu Hause. Und atmen dann tagsüber die Wohnung voll. Dafür ist die ja nicht gemacht. Kein Wunder, dass es da schimmelt, bei ihrer Größe.«

Wow, dachte ich, einfach nur: wow. Wohnen in der eigenen Wohnung, das war zu viel, ne? Fünf Jahre lang wandte sich unsere Wohnung gegen uns beziehungsweise unterstützte sie die Theorie ihres Herrn und Eigners anhand praktischer Beispiele. Im Winter schüttelte sie bockig Ziegel vom Dach und wenn ich es im Sommer wagte, länger als bis zum Mittag in ihr herumzuwohnen, heizte sie sich dermaßen auf, dass ich nur noch Wassermelonen verspeiste und mir die ausgefressenen halben Schalen als Helm aufsetzte. Kühlt das Gehirn herunter und tropft süß. Noch so ein Lifehack, den ich besser für mich behalten hätte. Egal.

Außerdem hatte es unsere Wohnung an den Gefäßen. Arterienverkalkung an allen Rohren. Wenn ich nicht gerade lüftete, klempnerte ich. Zu meinem vierzigsten Geburtstag habe ich mir von meinen Eltern eine Spirale gewünscht, damit dieses elende Rumgeporkel mit dem Pömpel ein Ende hätte. Sie waren sehr erleichtert, als ich erklärte, dass ich bloß diese Zwanzig-Meter-Metallschnake aus dem Baumarkt meinte, aber dann sagte meine Mutter: »Ihr müsst raus aus der Bude. Ich verstehe nicht, wie man so leben kann.«

Ehrlich gesagt, ich verstand es manchmal auch nicht.

An guten Tagen bildete ich mir ein, dass mein Freund und ich vielleicht eine Privatevolution durchmachten – uns also vom Menschen zurückentwickelten hin zum für mich doch sehr erstrebenswerten Stadium des Fischotters. Bei einer durchschnittlichen Raumluftfeuchtigkeit von achtundneunzig Prozent ließ sich durchaus behaupten, dass wir mittlerweile noch ein paar Schritte weiter waren und einen recht amphibischen Lifestyle pflegten. Wenn wir noch ein wenig durchhielten, wüchsen uns vielleicht sogar Schwimmhäute! An schlechten Tagen stand ich am offenen Fenster und atmete nach draußen.

So ließ es sich leben, wenn auch sehr rudimentär.

Aber dann kam diese ungemütliche Angelegenheit, die dafür sorgte, dass ich nicht nur tagsüber, sondern auch abends und nachts die Wohnung vollatmete, weil ich ja nicht mehr raus auf die Bühne konnte. Mein Freund war auch stets daheim und hechelte mit. So hatten wir eine ganz neue Flora an die Zimmerdecken geforstet. Deshalb stand ich nun ausschließlich am Fenster und fragte mich dort ebenfalls: »Wie kann man so leben? Also wie die Nachbarn von gegenüber?« Denn die waren schon anders komisch als wir.

Um ehrlich zu sein, stand ich früher gar nicht zum Lüften am offenen Fenster, sondern um mir was abzugucken bei denen. Und ihnen zu lauschen, Fetzen ihrer Unterhaltung zu überhören. Die beiden waren ein glückliches Paar, na ja, sagen wir mal: Sie lebten in Eintracht mit ihrer Behausung. Ein vielleicht nicht normales, aber theoretisch mit uns vergleichbares Paar eben, er ein Mann, sie eine Frau, beide in einem Alter, in dem man arbeitet, wenn man Arbeit hat. Zweimal die Woche trieben sie Sport, beide, aber getrennt voneinander. Vielleicht waren die beiden aber auch Serienkiller und trugen die einfachen Funktionshosen nur, damit sie ihre guten, nachhaltig hergestellten Markenklamotten beim Leichenzerteilen nicht völlig versifften, aber ich tippte doch eher auf: Crossfit bei ihr, Fußball bei ihm. Kicken mit den Kollegen, dann Kölsch trinken. Oder Gin verkosten. Oder vielleicht doch Kölsch. Wenn sie Besuch zum Abendessen hatten, rauchte er nach dem Hauptgang, aus dem geöffneten Fenster hinaus. Nein, keine E-Zigarette, auch kein Pfeifchen und keine Zigarre, sondern eine echte Filterzigarette. Vielleicht waren sie doch Serienkiller. Wer es schafft, im Schnitt nur alle drei Wochen abends eine Kippe aus dem Fenster hinauszupaffen, der hat auch das Zeug dazu, ein abseitiges Doppelleben zu führen. Aber nach einiger Zeit mangelte es ihnen an Gelegenheit für irgendwelche Indooraktivitäten mit haushaltsfremden Personen. Die offenbar unfreiwillige ständige Zweisamkeit, die machte sie schon nervös, die Nachbarn. Gut, die ersten Wochen verbrachten sie erwartungsgemäß mit der Herstellung, Verarbeitung und Verkostung von Teig. Am offenen Fenster vernahm ich bald täglich den Duft von frisch gebackenem Brot, bis sie zu ihm sagte: »Boah, Hase, wir müssen mal wieder was anderes machen als Backen! Außerdem: Hefe ist doch auch ein Pilz, oder? Nicht, dass bald der Schimmel bei uns so wuchert wie bei den Freaks von gegenüber!« Da lag ich schon unter dem offenen Fenster und suhlte mich in einer Mischung aus Scham, Stolz und Faszination: Schau an, schau an, aber schau nicht hin: Sein Name ist Hase, sie ist eine Voyeurin und beide brauchen uns als schlechtes Vorbild!

An jenem Abend fühlte ich mich so systemrelevant wie lange nicht. Es war nun meine Aufgabe, die Beziehung unserer Nachbarn über die Krisenzeit hinwegzuretten! Fortan kniete ich unter dem offenen Fenster und wurde so zur analogen Ehestreit-Warn-App für Hase und seine Angetraute. Einige Tücken sah ich voraus: Sie nörgelte, weil er nun jeden Abend rauchte. Er nörgelte zurück, dass er sonst fett würde. Sie schlug vor, dass er dann doch gleich in der Wohnung rauchen könne, dann zöge sie aber aus. Da bekam ich fast Mitleid mit dem ehemaligen Powercouple, obwohl ich es ja gar nicht persönlich kannte. Aber wen kennt man schon wirklich und wen nicht? Von unseren Nachbarn von gegenüber wusste ich bloß, wann sie aufstanden und wann zu Bett gingen, welcher Song sie in eine gewisse Stimmung brachte und dass er das ganz offensichtlich nicht zu wissen schien. Und es machte mich traurig, wie sehr die beiden doch von ihrem Sport oder ihrer Serienkillerei abhängig waren und sich offenbar keine alternativen Freizeitaktivitäten ausdenken konnten, um sich nicht gegenseitig an die Gurgel zu gehen. Man muss ja nicht gleich gemeinsam nikotinsüchtig werden. Aber selbst ihr Streaming-Verhalten war dermaßen verkümmert, dass ich manchmal laut durchs offene Fenster schreien wollte: »Ey, Leute, es ist 2020 und ihr schaut jetzt *Lost*? Soll das ironisch sein? Wie soll ich euch so helfen?«

Aber ich hielt mich zurück. Jede Beziehung muss ihr eigenes Tempo verlieren. Nur wenige Wochen später sah ich allerdings wirklich schwarz für die beiden. Sie hatte wohl bei den anstehenden Renovierungsarbeiten eine Wandfarbe gewählt, die er als nicht gerade aufwertend empfand, und da musste ich ihm zustimmen. Denn obwohl der Farbton auf dem Eimer als »Sahara« deklariert war, wie mir mein Fernglas versicherte, glich das Ergebnis, und hier zitiere ich Hase wörtlich: »Iris, das sieht aus wie Bierschiss.«

Als er das aussprach, rappelte ich mich an der Fensterbank hoch. Endlich konnte drüben aus der Krise eine Chance gemacht werden: Wenn Iris zugeben könnte, dass Hase da recht hatte, dann hätten sie es geschafft! Aber die Iris ließ nur ermattet die Farbrolle sinken und sprach: »Ach, Markus, ich glaube, ich kann das nicht mehr. Das mit uns.« Und dann ging sie. Rüber in die Küche. Es waren nur acht kleine Schritte für Iris, aber für die Menschheit war es ... ein Totalversagen jeglicher Dramaturgie. Mit so einer Seifenoper-Performance sollte eine Ehe nicht enden, aber so konnte sie schon gar nicht weitergeführt werden. Ich rang mit mir. Wenn Iris tatsächlich ausziehen würde, würde Markus-Hase sich die Wohnung dann alleine leisten können? Und falls nicht, hätten wir dann eine Chance auf dieses Altbauschmuckstück? Ehrlich gesagt, konnten wir ja nur so leben, wie wir es taten, weil ich seit Jahren nur nach drüben auf den Palast geierte, die Menschen darin interessierten mich ja gar nicht, sondern ...

»Ey, Markus! Haaase! Du gehst jetzt sofort zu Iris in die Küche, bevor sie jetzt wieder einen Sauerteig ansetzt! Und mach diesen Schnulzensong an, frag mich nicht, wieso, aber davon wird sie flauschig! Und danach streicht ihr die Wand in Dunkelgrün! ›Racing Green‹! Das hatte ich eh vor seit Monaten und wenn ihr schon dabei seid, dann ...« Ich konnte erstaunlich viele Sätze hinausschreien, bevor mein Freund mich vom Fenster wegzog.

Apropos weg vom Fenster. Das bin ich jetzt öfter. Denn Markus hat wohl endlich gecheckt, welche Platte ich meinte. Jeden Abend legte er nun, pünktlich um halb acht, »Unchained Melody« auf, Iris gurrte dazu rollig: »Na, komm schon her, du schmutziger, kleiner Schweinehase, du ...« Dann ging ich ins andere Zimmer und stellte mir vor, dass die beiden nun ganz wild miteinander ... töpferten. Um diese Vorstellung aufrechtzuerhalten, musste ich auch die Augen schließen, denn unsere Nachbarn von gegenüber schlossen ihrerseits die Vorhänge nicht mehr. Wir hatten gar keine, nie gehabt. Vielleicht waren wir hier nie wirklich zu Hause, dachte ich, und obwohl das überhaupt nicht stimmen konnte, bildete ich mir das noch eine Weile ein. Unterm Fenster, mit einem Fernglas um den Hals und einer halben, ausgefressenen Wassermelone auf dem Kopf. Wenig später sind wir dann weggezogen. Zu viele komische Leute in der Gegend.

Hauptsache, gesund

Floskeln sind toll. Und wichtig. Gerade bei Verabschiedungen. Ganz besonders, wenn man einem anderen Menschen klarmachen will, dass das zufällige Wiedersehen mit ihm zunächst eine durchaus positiv konnotierte Überraschung für einen selbst darstellte, man die Verlängerung des Gespräches nun aber aus verschiedensten Gründen abzubrechen gedenkt. Zum Beispiel, weil man leicht verderbliche oder schnell schmelzende Waren in schweren Einkaufstaschen mit sich schleppt. Oder besagte Taschen irgendetwas anderes sehr Schweres beinhalten. Oder man zur Arbeit muss. Einen sonstigen Termin hat. Oder einfach keinen weiteren Input mehr aufnehmen kann von der Person, die gerade davon berichtet, was ihr widerfahren ist. Seit eurem letzten Treffen vor vierzehn Jahren. Wenn man es aber dann schafft, eine Information aus dem Monolog des zufällig getroffenen Menschen herauszufiltern, die beschreibt, wie ihm ein Malheur geschah, das Schicksal ihm einen kleinen Knuff gab, ihn danach durchaus kommod seinen einst eingeschlagenen Weg fortsetzen ließ, dann hilft oft der Gebrauch des Zauberspruches: »Hauptsache, gesund.« So wird der Bericht unterbrochen und der schwatzenden Person ihr Privileg ins Bewusstsein gerufen. Nicht selten erfolgt als Erwiderung auf diese Floskel dann: »Da haste recht. Du, war schön, dich mal wieder gesehen zu haben, aber ich muss jetzt auch.« Manchmal hüpft die hauptsächlich gesunde Person dann sogar noch ein Stück ihres Weges, ein wenig wie James Stewart in der Schlussszene des Filmes *Ist das Leben nicht schön?*.

Natürlich darf man sich von »Hauptsache, gesund« nicht immer erwarten, dass man damit einen Erweckungsgottesdienst im Schnelldurchlauf abspulen kann. Timing ist wichtig und natürlich erfordert der Gebrauch Sorgfalt. Wenn jemand darüber lamentiert, dass das von ihm favorisierte Sportteam nicht so viele Bälle wie ein anderes in ein Netz geschubst hat, sich der Nachwuchs an der Bratsche schwertut oder der aus einer Jubelstimmung heraus jüngst bestellte Freundschaftsbecher in der Eisdiele doch ausgerechnet zwei Kugeln Banane enthielt, sind das perfekte Einsatzgebiete für »Hauptsache, gesund«. Wenn allerdings frischgebackene Eltern einen Blick in den Kinderwagen gewähren, ist »Hauptsache, gesund« das Letzte, was man sagen sollte. Falls man den Kontakt nicht sowieso abbrechen wollte.

Eine weitere Floskel, die ich empfehlen kann, um sich sehr nachhaltig sehr unbeliebt zu machen, ist: »Du hast aber schön abgenommen.« Erstens: Wer sich unbedingt über Fettgehalt von anderen äußern will, sollte am Kühlregal die Molkereierzeugnisse ansprechen. Die Produkte dort können das gut aushalten, außerdem steht auf denen ja jetzt sogar drauf: »Oft länger gut.« Falls sich noch jemand außer mir beim Durchlesen eines Joghurts gefragt haben sollte: »Ja, aber länger gut als wer oder was denn?«, bekommt derjenige hier die Antwort: Ein Milcherzeugnis wird nicht so schnell schlecht wie eine Freundschaft, die durch angeblich schöne Abnahme gefährdet wird, denn zweitens: Es ist ein vergiftetes Kompliment. Denn niemand nimmt schön ab. Außer vielleicht Maschen beim Stricken, aber das erkennt man am fertigen Pullover auch nicht mehr. Selbst bei einer aus gesundheitlichen Gründen notwendigen, langsamen Gewichtsreduzierung kämpft der Körper um seine Ressourcen, will seine Vorräte behalten, grollt und schwört, den Reichtum, den er einst besaß, wiederzuerlangen, ihn gar zu mehren. Und schafft es in den meisten Fällen auch. Wenn sich Menschen wiederholt für Crashdiäten entscheiden, haben sie vor allem an Geisteskraft abgenommen und wenn jemand ohne beabsichtigtes Kalorienkappen plötzlich immer schmaler wird, steckt meist eine ernsthafte Krankheit dahinter. Leute, die einem versichern: »Du hast aber schön abgenommen«, kann man also nicht mal mit »Hauptsache, gesund« abwimmeln, weil man da weder sich selbst noch das Gegenüber mit meinen kann.

Vor einiger Zeit aber wurde mir klar, dass es ungesund ist, Leute aufgrund ihres unbekümmerten Plauderns, ihrer unlogischen, aber vielleicht sogar gut gemeinten Komplimente zu verachten. Denn es sind ja einfach zu viele, vor allem, wenn man sich selbst mit einschließt. Zeitintensiv ist Verachtung ebenfalls. Da muss man ja zahllose Einzeltermine anberaumen, für jede einzelne Knalltüte einen, da Verachtung von Gruppen Diskriminierung ist und in schlechten Comedyprogrammen endet. Bestenfalls. Zum Glück gibt es nicht nur flüchtige Bekannte, sondern auch Freunde. Menschen, die man lieben muss, um sie zu mögen. Und die besten davon nicht, weil sie frei von Fehlern sind, sondern dir »Du hast aber schön abgenommen!« entgegenschmettern. Und das auch noch, obwohl seit eurer letzten Begegnung erst ein paar Wochen vergangen sind.

Meine Freundin rieb sich die Augen, sie kam ein paar Schritte näher, wich dann wieder einen zurück, umrundete mich und kam wieder vor meinem Gesicht zum Stehen. Ich ließ sie gewähren, stellte aber meine schweren Taschen ab, für den Fall, dass unser folgendes Gespräch länger als fünf Minuten andauern sollte. Was ich durchaus plante. Höflich, wie ich bin, ließ ich meinen Bizeps aus Turbozucht nur ganz leicht spielen und spannte meine Bauchmuskeln nur so sehr an, dass sich mein frisch gewachsenes Sixpack unter meinem Shirt abzeichnete. Und wartete auf die Frage meiner Freundin, auf die ich wahrheitsgemäß und ausführlich antworten wollte. Endlich stellte sie sie: »Wahnsinn, du hast aber *wirklich* schön abgenommen! Du siehst aus wie eine Maschine, Katinka! Wie zur Hölle hast du das hingekriegt?«

Und meine Antwort lautete: »›Maschine‹ ist ein gutes Stichwort. ›Hölle‹ übrigens auch, aber dazu später. Hast du etwas Zeit?«

Meine Freundin nickte, wir setzten uns beide auf meine schweren Taschen. Dann erzählte ich ihr, wem ich meine körperliche Transformation zu verdanken hatte: »In den letzten Wochen habe ich an einem Experiment teilgenommen. Ernährungsumstellung, aber vor allem Kraftsport, mentale Optimierung, alles auf wissenschaftlicher Basis, technikgestützt. Ja, anfangs hatte ich auch Zweifel, du kennst mich, ich hege Vorurteile gegen alles, was an ein Kabel angeschlossen werden muss. Ich habe Angst vor Elektrizität und fühle mich von künstlicher Intelligenz bedroht. Aber dann dachte ich: Was, wenn diese Vorurteile auf Gegenseitigkeit basieren? Und sollte nicht ich die Klügere sein, die nachgibt? Zumindest im Kleinen ein Zeichen setzen? Warum nicht den Boden ebnen für eine friedliche Koexistenz mit meinen Haushaltsgeräten? Und ja, natürlich kamen mir diese Gedanken nachts, bei immer noch fünfundzwanzig Grad Raumtemperatur, kurz vor unserem Umzug in eine Stadt, in der ich nie leben wollte, aber weißt du was? Am nächsten Tag, als ich bei dreißig Grad zwischen all unseren Kartons und Müllsäcken in unserer ungedämmten Wohnküche saß, fand ich den Gedanken immer noch plausibel. Ich meine, ernsthaft, vielleicht habe ich es dir nie erzählt, aber: Ich habe meiner dritten Waschmaschine nie eine echte Chance gegeben. Stattdessen habe ich sie an meiner ersten Waschmaschine gemessen, an die wirklich kein Gerät jemals wieder heranreichen wird. Neunzehn Jahre lang frische, saubere, geschleuderte Klamotten auszuliefern, ohne auch nur einen Socken zu fressen, wer schafft das schon? Eben. Also, auf keinen Fall meine zweite Waschmaschine. Ich weiß, man sollte ohne Beweise keine Weißware als Montagsgerät beschimpfen, aber dieses Biest hat mein Vertrauen in die Technik echt nicht gestärkt. Immer war was, nie hat sie abgepumpt und wäre sie nicht an frühzeitiger Verkalkung eingegangen, hätte ich sie wahrscheinlich noch kaputt geklempnert. Und all diese negativen Gefühle habe ich offenbar auf meine dritte Waschmaschine übertragen. Obwohl die mich von Anfang an ganz lieb angepiept hat, und zwar nur dann, wenn der Waschgang beendet war, nicht, um mir ihre angeblichen Probleme mitzuteilen, wie eine Weichspülerunverträglichkeit oder so. Egal, jedenfalls, ich wollte meiner dritten Waschmaschine ein Friedensangebot machen, ganz ehrlich. Die hat das ja auch gesehen, durch ihr Digitaldisplay, dass wir den Haushalt auflösen, und wurde schon unruhig. Also habe ich ihr die Transportfüßchen gezeigt, die ich extra auf dem Kühlschrank aufbewahrt habe, damit sie wusste: Wir lassen keinen zurück, der hart arbeitet. Und das schien sie zu beruhigen, jedenfalls sagte sie nichts, keinen Piep, und da ich gerade so sachlich und unemotional unterwegs war, schraubte ich meiner dritten Waschmaschine ihre Füßchen an. Ganz alleine. Und stöpselte sie aus, um den Stutzen, der beim Transport die Trommel schützen soll, in selbige zu ... tun. Machen. Hämmern? Jedenfalls lag da ein Hammer und dabei hätte ich doch aus meiner Zeit in der Gastronomie noch wissen müssen, dass ich keine Fässer anzapfen sollte. Also ja, ich habe meine dritte Waschmaschine zerstört. Mit einem Schlag. Im falschen Winkel auf die Trommel. Und ja, es hat mich überrascht, dass ich zu so etwas fähig bin. Rein kräftemäßig. Und ohne mich dabei selbst zu verletzen. Aber natürlich kamen danach ganz schnell die Gewissensbisse. Schließlich musste ich die Beweise loswerden, den Elektroschrott wegschaffen, bevor mein Freund mir Fragen stellen würde. Zum Beispiel die, wie ich gedächte, unsere vierundzwanzig Säcke mit staubigen Klamotten zu waschen, was leider in meinen Aufgabenbereich fiel. Er hatte schon das Umzugsunternehmen bezahlt, unsere dritte Waschmaschine gekauft und würde auch unsere vierte finanzieren müssen. Außerdem hatte er versprochen, dass er sich um die Kinder kümmert. Das klang sehr fair, bis mir eingefallen ist, dass wir keine Kinder haben. Na ja, besser als umgekehrt. Und ich habe gelernt, meine Wut zu kanalisieren. Zuerst habe ich den Hammer losgelassen, dann die Waschmaschine in den Keller geschleppt. Wenn du dir also Notizen machst, Freundin: Am ersten Trainingstag ruhig die eigene Belastbarkeit austesten und überschreiten, dann erst den Plan erstellen. Ist schwierig, wenn man die Arme nicht mehr heben kann, aber es stärkt die Nackenmuskulatur, wenn man mit der Nase auf die Computertastatur einhackt. Wusstest du zum Beispiel, dass es in der Stadt, in der ich nun lebe, keinen einzigen Waschsalon gibt, der in weniger als fünf Kilometer Entfernung zu meiner Wohnung liegt? Ja, darüber macht sich kaum jemand Gedanken, ich glaube, dieses Wissen ist auf einem Chip gespeichert, der in meine dritte Waschmaschine eingebaut wurde ... aber egal für den Moment. Um es mal kurz zu fassen. Wenn du deinen Körperfettgehalt reduzieren willst, dann musst du nur achtundzwanzig Tage lang ohne Unterbrechung in den öffentlichen Verkehrsmitteln je anderthalb Stunden zum Waschsalon gurken, beladen mit Wäschesäcken. Während der Fahrt baut sich dein Adrenalinspiegel auf, da du kein Ticket kaufen konntest. Dein Kleingeld frisst nämlich der Trockner im Waschsalon. Meist ohne Gegenleistung, also trägst du eben nasse Wäsche in deine neue Wohnung, während du die alte in den Pausen zwischen den Waschgängen weiter ausräumst und putzt; zum Essen kommst du gar nicht, der Schlafentzug ist auch nachts gesichert, weil du dich fragst, weshalb es Waschmaschinenherstellern und -lieferanten nicht möglich ist, ein neues Gerät an deine neue Adresse zu liefern und dein Altgerät an deiner alten Adresse abzuholen. Also hievst du am achtzehnten Tag deine dritte Waschmaschine aus dem Keller und fährst sie mit der Tram zum Schrottplatz. Ihr verabschiedet euch. Du entschuldigst dich bei ihr, obwohl sie dich vermutlich nicht mehr hören kann. Dafür hören dich die Mitarbeiter des Schrottplatzes. Aber sie sagen nichts, weil du inzwischen mehr Muckis hast als alle drei zusammen. Und dann gehst du zu Fuß, bepackt mit den letzten beiden Wäschesäcken, in die Straße, in der du so lange gewohnt hast, um deinem ehemaligen Vermieter die Schlüssel auszuhändigen. Ja, das ist ein Dreitagemarsch, aber hier bin ich. Und treffe dich, meine Freundin. Was sagst du nun? Habe ich wirklich immer noch ›schön abgenommen‹?«

Meine Freundin murmelte: »Hauptsache, gesund.«

Aber keine von uns beiden stand auf und hüpfte ihres Weges. Wir konnten nicht. Es war viel zu heiß und die Wäschesäcke zu weich. Zum Glück hatten wir uns direkt vor der Eisdiele niedergelassen. In unserem Freundschaftsbecher befanden sich tatsächlich ausgerechnet zwei Kugeln Banane. Aber das war gar nicht schlimm, weil meine Freundin Bananeneis mag. Den zweiten Freundschaftsbecher aß ich alleine, meine Freundin schwächelte, ich verzieh ihr das. Wenn man das nämlich nicht mehr kann, wird man noch verrückt. Außerdem hatte sie mich so davor bewahrt, dass mir noch einmal irgendwer vorwirft, ich hätte schön abgenommen. Dafür gab es nämlich nach dem dritten Freundschaftsbecher keinerlei Beweise mehr.

Ich packe meinen Rucksack

Ich lese oft von Leuten, die älter sind als ich, dass sie die Leute, die jünger sind als ich, schon verstehen würden. Das kann einen ja auch wütend machen, wenn alles in die Binsen geht, vor allem die Welt und so. Dieses Verständnis endet bei vielen allerdings da, wo die jungen Leute sich auf der Straße festkleben. Da gäbe es doch bessere, kreativere Ideen, um dem Unmut Ausdruck zu verleihen. Leider fällt den älteren Leuten dann spontan kein besserer Ansatz ein. Und nach langem Nachdenken auch nicht. Daher bin ich dazu übergegangen, die jungen Leute besser zu verstehen, mich da einfach mal reinzufühlen, bevor ich meinen kreativen Ansatz vorschlage.

Ich bin ja auch keine zwanzig mehr. Körperlich bestand dieser Verdacht ja schon länger, aber vom Kopf her? Ausgeschlossen, bis vor Kurzem. Nicht dass ich jeden geckenhaften Modetrend so mitgemacht hätte oder technisch mit der Zeit gegangen wäre. Nee, ich bin da eher der Typ, der auf klassische Basics setzt. Ich hatte bis vor wenigen Wochen noch einen Computer mit Diskettenlaufwerk. Als Berufsjugendliche habe ich mich also nie gesehen und war auch nie Hobbykind, eher Ehrentwen. In Teilzeit. Im häuslichen Umfeld blieb ich also stets eine leicht entzündbare Powernapperin, die auch alltäglichsten Tätigkeiten mit einem gerüttelt Maß an Fatalismus begegnete: »Warum kommt jetzt kein Kawumm? Dann wäre halt alles vorbei, ich hätte mein Leben gelebt, und zwar in wilder Würde! Wenn jetzt einfach ein Komet einschlüge, der alles Leben auslöscht, dann war's das, na und? Ich bin bereit! Komm schon, Komet! Falle vom Himmel und kawumme uns!«

Und das schon jedes Mal, wenn ich die Betten neu beziehen musste. Badezimmer putzen war noch melodramatischer. Da habe ich den Soundtrack von *Armageddon* aufgelegt, um auf die Weise einen Asteroiden anzulocken. Hat nicht geklappt. Und das Badezimmer zu »I Don't Want to Miss a Thing« zu putzen, hat wirklich nichts mit Würde zu tun.

Aber anders als andere Kinder der Achtziger bin ich echt reif für mein Alter. Ich nöle nicht herum, weil es zum Ausgleich für das eigene Rumdämmern keinen Ausgleich gibt! Nach dem Motto: »Menno, mir wurde ein Outdoor-Weltuntergang zugesichert! Mit Zombies! Ich habe auf untote Horden gelernt, wo sind die denn alle? Ich gehe jetzt auf den Friedhof und wenn da in zehn Minuten keine knochige Hand aus dem Grab ragt, dann rufe ich den Veranstalter an! Das ist Betrug! Wo ich doch gerade mein Apokalypsenoutfit fertig zusammengestellt habe!«

Ich muss gestehen: Ich schleppe eine Menge mit mir herum. Und da ist der emotionale Kram und das Eigengewicht noch gar nicht mal mit einberechnet. Tatsächlich habe ich ein bisschen was zusammengepreppert, seit ich eine echte Mittzwanzigerin war, und habe meine Auswahl sorgsam in meinen Rucksack hineinkuratiert. Unter anderem befindet sich darin das besagte Apokalypsenoutfit. Das ist vielleicht unnötig tiefgestapelt: Ich habe eine ganze Linie entworfen, tragbar und mit persönlicher Note. Festes, aber cooles Schuhwerk ist immer wichtig. Hat gedauert, bis ich schwarze Overknee-Stiefel in Größe 43 gefunden habe, in die auch noch die orthopädischen Einlagen reinpassen. Für obenrum dann klassisches Tanktop, für drüber wiederum so ein *Matrix*-Mantel in Lederoptik, für den Übergang mit raustrennbarem Futter. Praktisch muss es sein, zeitlos chic aber eben auch. Dann Jeans, schwarz, zwölf Paar. Ja, drei in jeder Größe, in die ich zwischendurch reinwachsen werde und wieder raus. Nur aufgrund des Endes der Welt fällt ja Weihnachten nicht aus. Wir müssen optimistisch bleiben und uns gerade dann bemühen, Rituale aufrechtzuerhalten. Auch wenn die Tage gezählt sind, sie zählen sich leichter mit Adventskalender.

Zurück zum Beinkleid: Der Strtechanteil im Jeansgewebe ist entscheidend. Er sollte vorhanden sein, aber wer sich ewig auf die Flexibilität und Treue von Elastan verlässt, wird vielleicht nicht zu den Überlebenden gehören. Daher ist ein Runterschrauben auf acht oder zehn Hosen, die ich überall mit mir mitführe, nicht verhandelbar. Kein Mitleid bitte, aber auch keine Panik. Ich sage nur: Wer zuletzt lacht, hat's bis dahin geschafft.

In den gut ausgestatteten Apokalypsenrucksack gehört des Weiteren: Handwaschmittel, eine sehr große Tube, ein paar Schlüpper und ins Seitenfach: Gutscheine fürs Neptunbad für die gesamte Familie. Stichworte: Rituale, Weihnachten. Bevor sich alle Verwandten gegenseitig zerfleischen auf den vielleicht letzten Metern, lieber die Güter gerecht verteilen, gerade bei der Bescherung.

(Sie können natürlich auch eine andere Wellness-Oase wählen, aber beim Neptunbad sind die wirklich äußerst kulant beim Einlösen von Gutscheinen. Auch wenn keine Zombies kommen, die Mitarbeitenden dort sind auf Zack, die finden immer eine Lösung, total kundinnenorientiert, Fünf-Sterne-Bewertung ist vorsorglich raus. Selbst wenn es zu einer Situation wie *Waterworld* kommt – was ja immer noch nicht ganz vom Tisch ist –, dann ginge es mit dem Neptunbad klar, dass man für den Gutschein doch lieber nur eine Massage nimmt.)

Wasser wird einerseits zur Bedrohung werden, andererseits knapp, den Leitsatz kann man auf alle Weltuntergänge anwenden. Daher habe ich auch den Segelschein meines Bruders im Rucksack. Ich denke, bei dem Drunter und Drüber einer Apokalypse gucken die nur auf den Nachnamen. Der Schein gilt zwar lediglich für die Optimisten-Klasse, aber natürlich sollten wir alle gemeinsam darauf bestehen, mindestens einen Dreimaster unter mein Kommando zu stellen.

Ja, an diesem Punkt müssen wir der neuen Realität ins Auge blicken: Ich könnte ja schlecht in meinem *Matrix*-Mantel ein Tretboot befehligen, um eine neue Zivilisation in Neu-Neuseeland aufzubauen. Nach einer Apokalypse will man ja ernst genommen werden von denen, die noch da sind. Die übrigen Seitentaschen meines Rucksacks habe ich großzügig mit Gaffa-Tape und Sanifair-Gutscheinen aufgefüllt. Man weiß ja nicht, was am Ende noch steht, mein Motto.

Kommen wir zum Herzstück meiner Ausrüstung. Ausnahmsweise im Onlinehandel bestellt, weil ich eben sehr ungern auf Mittelaltermärkte gehe. Da tummeln sich zu viele Amateure. Denn ja, ich habe auf Zombies gewettet, aber auch darauf, dass die fossilen Brennstoffe bald aus sind. Das ganze Benzin ist ratzfatz weg, dann laufen die Generatoren bald nicht mehr und alle Batterien stecken ja in all den Langhaarschneidern, mit denen sich die ganzen verträumten Steam-Punk-Lullis ihre Iros ausrasieren und ihre Sidecuts stylen müssen, was weiß ich! Narren! Und Närrinnen! Aber die gab es ja immer schon und ein paar werden auch immer übrig bleiben, nicht zuletzt ihretwegen habe ich mir dieses Waffeleisen bestellt: massives Gusseisen. Ein Gusswaffeleisen aus dem frühen 19. Jahrhundert. Mit einem langen Stiel dran, auch aus Gusseisen. Wiegt insgesamt sechzehn Kilo, aber du kannst damit überm offenen Feuer Waffeln backen. Auch herzhafte. Dann fehlen nur noch frische Zutaten, womit wir beim Besten meines postapokalyptischen Daseins angelangt wären: die Rückkehr zum Tauschhandel unter meiner Anleitung. Ich stünde mit dem Waffeleisen auf einer Lichtung, umringt von der hungrigen Landesrestbevölkerung, und spräche: »Du, Müller, hier sind ein paar Sanifair-Bons! Gehe nun und mahle Mehl! Du, Huhn, lege ein Ei! Rübe, konzentriere dich, erzeuge Zucker. Und du, Sodamaker ... es muss ja auch immer ein Schuss Kohlensäure in den Teig, damit der schön fluffig wird, also du, Sodamaker, make ... oh, du bist gar kein SodaStream, sondern ein Zombie? Na dann: KAWUMM!« So ein Waffeleisen ist halt ein praktisches Kombigerät. Da haben sich die Portokosten schon gelohnt. Dachte ich. Bis ich sie dann wirklich gesehen habe, bei der Generalprobe zum Weltuntergang: die Horden von Hirnlosen bei den Hygienedemos. Alle in ihren schäbigen Apokalypsenoutfits, Nudelsieb vorm Maul und zu viel Stretchanteil im Kopf. Und es waren so viele, dass nicht mal ich sie mit einem Waffeleisen hätte wegwemsen können. Und auch nicht wollen. Es gibt Regeln für Weltuntergänge, aber auch für davor. Also habe ich meinen Rucksack ausgepackt und bin dann erwachsen geworden. Habe das Waffeleisen online verkauft. Die vierzehn Euro in eine Jogginghose reinvestiert. Und direkt einen Computer mit USB-Anschluss gekauft, ohne Diskettenlaufwerk. Und im Zuge dieser Reifung fragte ich mich, ob es das Kawumm nicht schon längst gegeben hat, und falls nicht? Würde ich es wirklich hören können, wenn es so weit ist? Erfahrungsgemäß nur so nebenher. Es gäbe wahrscheinlich eine Ankündigung in der *Tagesschau*: »Guten Abend, meine Damen und Herren! Führende Wissenschaftler aus aller Welt zeigen sich besorgt. Und zwar alle. Da auch die Politik diese Ansicht teilt, wird es wohl zum KAWUMM! kommen. Als Termin wurde nun der nächste Donnerstag genannt, und zwar um 11:30 Uhr mitteleuropäischer Zeit. Ich wünsche Ihnen einen guten Abend und: Sayonara, bitches!«

Und ja, vielleicht wären da ein paar Leute entrüstet. Nicht nur aufgrund der ungewohnt rüden Verabschiedung, die man sich als Gebührenzahler verbittet, sondern weil sie sich fragten: »Wie jetzt, ›nächster Donnerstag‹? Meinen die jetzt morgen oder kommenden Donnerstag? So kann doch keine Sau planen!«

Stimmt natürlich, aber ob ich jetzt einen Tag oder eine Woche habe, um mich von meinen Liebsten zu verabschieden, ist doch völlig latte in der Situation. Mir persönlich wäre dann nur noch wichtig, in welche Jahreszeit das fällt. Später Frühling wäre angenehm. In den alten Weisen wird ja oft der 30. Mai als Weltuntergangstermin besungen. Das Datum wäre perfekt, finde ich. Denn wenn die Welt dann untergeht, müsste ich mir nicht mehr jede Nacht Gedanken darüber machen, welchen Wert ich jetzt in Zeile 55 der Einnahmenüberschussrechnung meiner Steuererklärung eintrage, also den Gewinn abzüglich der Einnahmen mit reduziertem Mehrwertsteuersatz oder die Umsätze aus allen vier Quartalen minus dem, was ich im Mantelbogen veranschlagt habe! Denn da ist ja die Abgabefrist am 31. Mai und den gäbe es nicht mehr, hahahahaha! Also würde ich da einfach IRGENDWAS eintragen, in die Zeile 55, und zwar ausgeschrieben, als Wort! In fucking Großbuchstaben.

Dann könnten die mich da oben alle mal! Oder auch nicht. Wie gesagt, man muss abwarten, wie sich die Dinge entwickeln. Und das kann man schließlich auch im Sitzen, auf der Straße, mit einer Hand festgeklebt. Und zwar so lange, bis jemandem ein *wirklich* besserer Ansatz einfällt. Sicherheitshalber sollte man in der anderen Hand ein Waffeleisen mit sich führen. Sagt nicht das Hobbykind in mir, sondern der Happy Prepper.

Alle Vögel sind schon weggeguckt

Wir haben jetzt einen Balkon. Mit Blick auf den Park. Und somit verfüge ich über keinerlei Ausrede mehr, keine Vögel zu beobachten. Denn seit die Ü75-jährigen Herren mit Pepitahütchen zu Pandemiebeginn die Exklusivrechte an dieser Disziplin verloren haben und das Zufüttern per Meisenknödel bei nicht geschlossener Schneedecke auf nationaler Ebene geächtet wird, hat sich Piepmatzglotzen zum hipsten aller Hobbys gemausert.

Die Herangehensweise an die zu betrachtenden Flugobjekte ist jedoch höchst unterschiedlich und richtet sich nach persönlichem Geschmack, Vermögen und Neigung zur Kauzigkeit. Die einen kriechen beladen mit teurem Equipment durch Marschlandschaften, um rar gewordene Reiher beim Fischfang zu sichten, bei anderen steht der Gedanke des Naturschutzes im Vordergrund. Akribisch zählen sie die Exemplare einer bestimmten heimischen Art oder konzentrieren sich auf einen ausgesuchten Baum und dessen geflügelte Bewohner. Einige dokumentieren Anzahl der Gelege, Schlüpf- und Todesfälle. Dann gibt es die Aufopferungsvollen, die ihre Wohnzimmerfester nicht mehr öffnen, wenn auf dem Sims davor eine müde Taube ruht. Ehrgeizige Akustikfans lauschen den Solisten unter den Singvögeln, wissen bald den Lockruf vom Warnschrei des Zilpzalps zu unterscheiden und imitieren beide so vortrefflich wie ungefragt. Was die

Splittergruppen der Zwitscherwatcherszene jedoch eint, ist das gemeinsame Ziel der Übung, nämlich: das persönliche Wohlbefinden steigern durch federviehgestütztes Abschalten. Entschleunigung lautet das Zauberwort und angeblich wirkt nichts entspannender auf Körper, Geist und Seele, als zwanzig Minuten Frischluftvogelschau pro Tag.

Es gibt also keine richtige oder falsche Art, sich der Ornithologie hobbymäßig zu widmen, prinzipiell ist alles erlaubt, außer Eingriffe in die Natur, und selbstverständlich ist es kein Wettbewerb.

Eingedenk all dieser guten oder zumindest gut gemeinten Ratschläge begab ich mich Mitte Mai erstmals auf unseren Balkon.

Nur Sekunden später musste ich feststellen: Natürlich war es *doch* ein Wettbewerb. Dazu noch ein unfairer. Alle Vögel waren schon da, als ich ins Spiel kam, und sie alle wirkten erschreckend austrainiert. Außerdem herrschten eindeutig unterschiedliche Auffassungen darüber, wer bei der Vogelschau den aktiven Part übernehmen sollte. Kaum hatte ich die Schwelle zum Balkon übertreten, war ich von einer Bande Halsbandsittiche ins Visier genommen worden. Als wenn ihre bohrenden Blicke mich nicht schon genug aus dem Konzept gebracht hätten, knörzten sie auf eine Weise los, die alle anwesenden Amseln dazu animierte, einen Remix ihres gesamten Repertoires zu trällern. Es war ein Quodlibet des Grauens, zwischen Alarmanlagengeräusche, längst vergessene Handyklingeltöne und Tatütata-Interpretationen mischte sich ein ohrenbetäubendes Zilpen, Zalpen, Krähen und Gurren, ein hyperaktiver Specht hämmerte im Technobeat den Stamm einer uralten Ulme halb durch.

»Ruhe!«, schrie ich. »Ich bitte um Entschleunigung!«

Keiner scherte sich um meinen Einwurf, ganz im Gegenteil: Alles, was Schnäbel hatte, piepte nun los, übertönte sogar das beständige Hintergrundrauschen, das von den umliegenden Autobahnen ausging. Ich hatte mir binnen kürzester Zeit eine Menge gefiederter Feinde gemacht, aber so leicht gab ich mich nicht geschlagen. Vor die Entspannung hatten die lieben Achtsamkeits-Coaches ja die Fokussierung gesetzt, also entsann ich mich meiner Mission: nicht Vögel hören, sondern gucken!

Geschwind stülpte ich mir die Gartenhandschuhe über die Ohren, die noch neben dem Blumenkasten lagen. Der Hörschutz tat seine Wirkung, ich atmete durch, aber dann hob der Sittichschwarm geschlossen vom Baum ab. In der eindeutigen Absicht, mich zu hitchcocken und endgültig aus dem Match zu befördern. Aber im letzten Moment drehten sie alle ab Richtung Rhein. Noch sah ich das als Teilerfolg, aber prompt folgte ein Warnschiss von oben, der nur knapp meine Nase verfehlte. Und ich gestehe, dass ich ganz kurz darüber nachdachte, Gleiches mit Gleichem zu vergelten. Dann aber entsann ich mich meines Menschseins. Ich konnte frei entscheiden, mich aus dieser sinnlosen Schlacht zurückzuziehen, die Balkontür von innen schließen und mich meiner Steuererklärung widmen. Oder für mein Recht auf Entspannung kämpfen, indem ich mich auf psychologische Kriegsführung verlagerte. Um herauszufinden, was ein Spatz plante, musste ich mich in ein Spatzenhirn hineinversetzen. Und erst einmal herausfinden, wie ein Spatz aussah. Meiner Erinnerung nach waren sie pfeilschnelle Taktiker, ausgestattet mit zwei Flügeln, im Nahkampf setzten sie ihre Niedlichkeit ein. Insofern unterschieden sie sich nur durch ihre geringe Größe von anderen Flugbestien.

Ich richtete meinen Blick konzentriert auf einen Eschenzweig in zehn Meter Entfernung, und tatsächlich: Es kam ein Vogel geflogen, setzte sich nieder, aber nur kurz. Flog davon. Kam wieder her. Flatterte weg. Kehrte zurück. Bei seinem vierundsiebzigsten Kurzstreckenflug erwischte ich den kleinen Übeltäter endlich mit meiner Handykamera. Das Foto war unscharf, aber die Wildvogelerkennungs-App identifizierte das Tier trotzdem als Blaumeise. Kein Spatz, aber ihre im Internet frei zugängliche Akte informierte mich darüber, dass auch Blaumeisen klein sind. Mit einem Durchschnittsgewicht von 11,5 Gramm. Statt mich aber auf meine mögliche körperliche Überlegenheit gegenüber der Blaumeise zu konzentrieren, durchforstete ich das Onlinenaturlexikon nach möglichen Schwachpunkten dieser Spezies. Es schien sich um eine brutrünstige Bande zu handeln, aber das allein galt offenbar noch nicht als Fehlverhalten. Dann las ich einen Satz, der mich Hoffnung schöpfen ließ. Und den ich bereits auswendig gelernt hatte, als mein Freund auf den Balkon trat:

»Unter Teilziehern versteht man Zugvögel, deren Population im Winter teilweise am Vogelzug gen Süden teilnimmt, teilweise jedoch im Brutgebiet verbleibt«, rief ich.

Meine Begeisterung schwappte nicht direkt auf meinen Freund über, ich versuchte es erneut: »Verstehst du, was das heißt?«

»Nur teilweise«, gab mein Freund zu und zündete sich eine Zigarette an. Sie war nicht richtig an. Die Glut verriet: Mein Freund war nun auch ein Teilzieher.

Ich begriff, dass ihm wichtige Informationen fehlten, um meine Entspannungstechnik nachzuvollziehen: »Blaumeisen sind Teilzieher. Und die beiden da vorne, das sind Blaumeisen. Guck nicht so lange hin, die machen einen kirre. Aber nicht mehr lange. Wenn die schlau sind, fliegen die jetzt los, nicht erst im Winter! Und zwar nicht in die Klimazone, die ihnen den idealen Lebensraum bietet, sondern dahin, wo sie überhaupt eine Chance haben. Also sollten sie mal fix ihre Möglichkeiten überschlagen, die sich ihnen in Nordkorea und Afghanistan bieten. Und dann fliegen sie folgerichtig: nach Venezuela! Venezuela hat nämlich kein Auslieferungsabkommen mit Deutschland. Also mal angenommen, diese Meisen würden hier mutwilligen Steuerbetrug begehen oder auch nur vollkommen unabsichtlich falsche Angaben machen, in Zeile 115, Anhang S, dann kommen die hier nicht mit einer Bewährungsstrafe davon. Die gehen direkt in den Knast. In Handschellen. Oder Flügelschellen.«

Mein Freund sah mich etwas skeptisch an: »Kann es sein, dass Vögel beobachten nicht die ideale Form für dich ist, um Entspannung zu finden, oh selbstständig tätige Freundin?«

Ich werde immer misstrauisch, wenn mein Freund mich bei meinem fast vollständigen Titel nennt. Ich warf einen Blick auf die Uhr: »Erstens habe ich die Meisen ja schon so gut wie weggeguckt, zweitens stehe ich ja erst neunzehn Minuten in diesem Inferno! Mir bleiben noch sechzig Sekunden, bis sich da was tut in Richtung Gelassenheit!«

Mein Freund drückte seine Zigarette aus: »Was ich dir eigentlich sagen wollte: Du musst deine Steuererklärung erst Ende September abgeben. Die haben die Frist verlängert.«

Diese Aussage eines unbedarften Laien leitete rasch eine Kehrtwende in der semiprofessionellen Ornithologie ein. Zumindest von meiner Warte aus.

Um diesen historischen Wendepunkt für die Nachwelt zu bewahren, bat ich meinen Freund zum Diktat. »Würdest du bitte notieren, dass es funktioniert hat? Also, dass ich um Punkt zwanzig nach Mitte Mai komplett tiefenentspannt war?«

Mein Freund nahm zwar artig das Logbuch zur Hand, aber bevor er niederschrieb, welch Wunder mir widerfahren war, wollte er wissen: »Und wie lange glaubst du wird dieser Zustand anhalten? Etwa bis Mitte September?«

»Warum willst du das jetzt schon wissen?«, fragte ich nur noch halb entspannt zurück.

»Na ja, dann könnte ich besser planen. Ich müsste ja mein Spanisch auffrischen und schon mal überlegen, was ich einpacke, für unser neues Leben in Venezuela ...«

»Moment mal: Du würdest mitkommen?«

»Du würdest mich hier allein zurücklassen?«

Würde ich natürlich nicht. Aber manchmal besteht die beste Antwort eben darin, gar nichts zu sagen, sondern den Blick in die Ferne schweifen zu lassen. Immerhin war mein Freund da einer Meinung mit mir. Gemeinsam schauten wir auf das bunte Treiben in den Büschen und Bäumen, sahen die Schwalben zu ihren Nestern sausen, schauten junge Drosseln aus ihren Nestern stürzen und bezeugten auch die Landeversuche eines Rotkehlchens auf einem dürren Zweiglein, welche nicht gelingen wollten.

Vögel zu beobachten, entspannt nicht nur, sondern eröffnet auch ganz neue Perspektiven für den Arbeitsalltag. Man kann sich ganz anders strukturieren, besonders innerhalb einer Beziehung, vor allem gegenseitig. So trug ich meinem Freund auf, erst mal an seiner Flugangst zu arbeiten, bevor er sich mit mir in die Maschine nach Caracas setzt. Umgekehrt hat er mir aufgetragen, mir doch einen Steuerberater zu suchen oder wenigstens mit Unterstützung von ELSTER zu arbeiten, um dem Finanzamt bis Ende September wenigstens meine Mitarbeit signalisieren zu können.

Ich komme ganz gut voran, zumindest im Gegensatz zu den Blaumeisen. Die hat die Nachbarskatze erwischt. Wenn ich ein Vöglein wär, dann würde ich besser aufpassen, wer mich beobachtet.

Die perfekte Einschlafhilfe

Jahrelang habe ich mit einem englischen Dorfpolizisten geschlafen. Nicht besonders gut, aber immerhin bis zu fünf Stunden pro Nacht. Fast jede Nacht. Und mein Freund hat das nicht nur toleriert, sondern lange gar nicht bemerkt.

Denn wenn es je eine Affäre gab, die das Prädikat »unaufgeregt« verdient hat, dann war es die zwischen mir und Inspector Tom Barnaby. Der Mann war der Grund, aus dem ich stets gerne oder zumindest fast regelmäßig meinen Rundfunkbeitrag gezahlt habe.

Auf lange Sicht war der alte Knabe kostengünstiger und zuverlässiger als jedes Schlafmittel, und vor allem: ohne jegliche Nebenwirkungen, vor allem solche moralischer Art. Nicht nur, weil Inspector Barnaby und ich es meist beim Vorspann belassen haben. Auf beiden Seiten des Fernsehbildschirms hatte sich von unserem ersten Tête-à-Tête an eine Routine eingeschlichen, die ich außerordentlich dösig begrüßte: Gewöhnlich geschah das Verbrechen bei Vollmond, damit dieser ein malerisches Cottage ausreichend ausleuchten konnte. Aus dem nahen Wäldchen krächzte dazu ein Käuzchen, im reetgedeckten Häuschen selbst tapste dabei eine Person unbestimmbaren Alters in einem für britische Verhältnisse modisch unproblematischen Nachtgewand die knarzende Holztreppe hinab, ihre letzten Worte waren: »Hallo? Ist da jemand?« Ein Schuss, ein Schrei, time to say goodbye.

Nein, noch nicht ganz, denn auch wenn sich meine Augenlider zu diesem Zeitpunkt schon so gemächlich aufeinander zubewegten, dass ich auch sehr alte Folgen schon im Breitbildformat sah, musste ich noch ein wenig durchhalten, die Intromusik abwarten, von der ich bis heute glaube, dass sie auf einem Theremin erzeugt wird, das auf einer singenden Säge Oboe spielt, bis mein persönlicher britischer Sandmann am Tatort erschien. Bodenständig in Barbourjacke, burschikos, aber dabei von aktiver, interessierter Höflichkeit. Natürlich fragte er sich und auch am Tatort Umstehende, warum wer wie wen ins Jenseits befördert hatte. Das gehört schließlich dazu in dem Job. Aber ganz egal, wen es in der Grafschaft Midsomer gewaltsam dahingerafft hatte, stets blieb Inspector Barnaby: so angenehm neutral wie Shortbread zur Teatime. Sein Gesichtsausdruck verriet mir: Nun, das Verbrechen schläft nie, aber du schon fast, ist es nicht so? Und oft, sehr oft nahm ich schon in diesem Moment den von meinem wackeren Wachtmeister ausgestellten Freifahrtschein an und ruhte meist sanft. Denn zwar hatte ich das gute Gewissen, den Mord nicht begangen zu haben, allerdings plagte es mich manchmal noch, überhaupt noch über ein Gewissen zu verfügen. Gelegentlich bildete ich mir nämlich ein, dass das eine oder andere Opfer seinen Tod gar nicht verdient haben könnte. Barnaby trieb mir dann diese Flausen aus dem Kopf: Er zeigte mir in den folgenden vierundachtzig Minuten immer, dass sämtliche Lords und Ladys, alle Butler, Zofen, Studierten, Hofierten, Lädierten, Tennislehrenden, Buchclubvorsitzenden, ganze Laienspielscharen und Winzerdynastien, die auf mehr oder weniger kreative Weise in den folgenden Minuten gemeuchelt wurden, definitiv schuldig geworden waren: Denn sie hatten alle irgendwie irgendwo irgendwann irgendwen erpresst, gedemütigt, unrechtmäßig enterbt, ebenfalls ermordet oder auch gerne mal vergessen, dass sie vor vielen Jahren ein Kind geboren haben, welches nun als verschollener Zwillingsschwager des buckligen Stallburschen zurückgekehrt war, um Rache zu üben. Nachfragen oder Mitleid waren also völlig unangebracht. Also, Kopf aus, Augen zu! Das ist ein Befehl, Ma'am! Spätestens dann murmelte ich: »Ja, Sir«, und tat wie geheißen.

Dann aber überschritt Inspector Tom Barnaby eine Grenze. Er zog sich zurück aus unserer Fernsehbeziehung, in den Ruhestand. Und bot mir zu seiner Abschiedsvorstellung einen drögen Dreier an. Ausgerechnet mit seinem Cousin, der seinen Job übernehmen sollte. Ich war erst neugierig, dann empört: Zwar besteht schon eine gewisse, gut gecastete Familienähnlichkeit zwischen den Vettern, allerdings brachte John Barnaby alles nach Midsomer, was eine Frau mit Schlafproblemen nicht von einem Gesetzeshüter braucht: gewinnendes Lächeln, Fingerspitzengefühl, einen Hauch von charakterlicher Tiefe, eine sympathische Ehefrau und am allerschlimmsten: einen Hund.

Wie soll denn ein halbwegs empathischer Mensch einschlafen können, wenn er fürchtet, dem Jack Russell Terrier könnte ein Leid geschehen? Die in dem Landstrich beheimatete Verbrecherbande schreckt ja vor nichts zurück. Jedem und jeder Einzelnen ist zuzutrauen, dass sie das arme Tier fangen, schlagen, anfahren, vergiften, entführen oder ihm eine raffinierte Falle stellen, indem sie es bei einem Kostümball als eben jenen Bibliothekar verkleiden, der einst das Rezept für den preisgekrönten Shepherd's Pie stahl, um seine Spielschulden beim Bingo zu begleichen. Haben wir schließlich alles schon gesehen. Zumindest so ähnlich, mit halbem Auge.

Nach ein paar schlaflosen Nächten, in denen ich fieberhaft darüber nachdachte, ob es dem Hund auch noch nach dem Abspann wirklich gut ging, griff ich zu drastischen Mitteln. Der Zweck heiligt angeblich selbige, daher musste ich eine Technologieoffenheit an den Tag legen, deren Rückschrittlichkeit mich bis heute beschämt. Dennoch brachte mich gerade dieser spontane Anfall von Wertkonservatismus auf die richtige Fährte zu dem Produkt, das mein Leben veränderte. Um endlich unabhängig von den Ausstrahlungsgewohnheiten des öffentlich-rechtlichen Rundfunks zu werden, bestellte ich mir im Internet einen neuen DVD-Player. Die vier Altgeräte hatten wir teils schon vor, teils während unseres Umzuges abgestoßen. Im Zuge dessen hatten wir auch all unsere DVDs verschenkt und es schmerzte mich fast körperlich, nun doch eine bestimmt beliebte Boomer-Box bestellen zu müssen, nämlich »*Inspector Barnaby*, Staffeln 1-6, garantiert mit John Nettles als Narkotikum«. Letzteres stand natürlich nicht auf dem auffallend lieblos gestalteten Schmuckschuber. Deswegen musste ich das prüfen. Zudem wollte ich gleichzeitig sichergehen, dass keine der Folgen einen Hund enthielt, auch nicht in einer Nebenrolle. Daher las ich mir am Laptop die Inhaltsangaben der einzelnen Episoden durch. Zumindest versuchte ich es. Aber ob der Pferdezüchter Gene Whetersby, der am frühen Morgen von seinem Gutsverwalter Andrew Jones leblos in der Käserei des angrenzenden Jagdreviers des gutmütigen Lord Gerald gefunden wird, einen Hund hatte oder nicht, sollte ich nie erfahren ...

Als ich erwachte, sah ich zunächst nur Buchstaben vor mir. Ich war mit dem Kopf auf der Tastatur eingeschlafen, in ungesunder Sitzposition, am Schreibtisch, am helllichten Tag. Das war nicht ganz das Ziel der Übung gewesen, tagsüber kriege ich auch ohne Amtshilfe aus dem Vereinigten Königreich ein Nickerchen hin, bisweilen sogar einen ausgewachsenen Nicker. Dann aber empfand ich einen gewissen Stolz: Mein Forscherinnengeist war miterwacht. Ein erneuter Versuch bewies: Auch der Teaser, der die Geschehnisse von Folge 5, Staffel 3, zusammenfasst, ließ mich wieder direkt einschlummern. Hatte ich mich jahrelang überdosiert, was Inspector Tom Barnaby anging? War es gar nicht er selbst, den ich brauchte, um meinem Körper Erholung von meinem Geist zu verschaffen, nicht seine emotionslosen Ermittlungsansätze, seine Behäbigkeit, die gemütlichen Pubs, die malerische Landschaft, die erschreckenden Tapeten und Frisuren in dem sich stets auf unnatürliche Weise wieder aufs Neue bevölkernden Landstrich, sondern reichte allein schon die schriftliche Information darüber, wie verschnarcht es wieder werden würde, um mich auszuschalten? Und was sagte das über mich aus: War ich die menschliche Form eines Nymphensittichs, der seine gellenden Schreie abrupt einstellt, sobald ein Moltontuch über den Käfig geworfen wird? Die künstlich erzeugte Dunkelheit, die mich umgeben musste, bestand lediglich aus Worten. Worten wie: »Trauer in Cumbersham Manor: Lord Ethelred Cumbersham vermacht sein Erbe zu gleichen Teilen seinem Buchhalter George Buckley, dessen Frau Rose, die bei der Geburt ihres gemeinsamen Kindes einen Wildunfall im nahe gelegenen ...« Ja, das genügte, wie mir ein lautes »Möööp« bestätigte. Um meine Testreihe halbwegs überwachen zu können, hatte ich mir den Buzzer auf die Tastatur gestellt, den ich bei Quizshows nutze, um den Teilnehmenden im Fernsehen eine Chance zu geben. Fairness geht immer vor und ich ging ins Bett, um die Beta-Tests durchzuführen. Das Ergebnis war zwiegespalten: Natürlich konnte ich auch im Liegen einschlafen, wenn ich las, dass in Folge 2, Staffel 6, mal wieder ein Jahrmarkt bei Causton stattfindet, der wie stets von Lady Delia ausgerichtet wird, deren Neffe Percy sich jedoch im Streit mit dem Fasanenfotografen Jester ... Aber dann fiel mir der Laptop immer auf die Nase respektive meine Nase in den Laptop. Bevor es also zum kompletten Bruch kam, brachte ich schon das nächste Update meiner genialen Erfindung heraus: Ich druckte mir die Inhaltsangaben der ersten sechs Staffeln aus, und zwar komplett. Der Nachteil dieser Version ist, dass Papier raschelt. Und knistert. Selbst wenn die einzelnen DIN-A4-Bögen noch halbwegs direkt auf das schlafende Antlitz fallen: Papier bleibt gefährlich. Man kann sich dran schneiden und schlecht darunter atmen. Vor allem kann der Mensch, der dein Bett teilt, gar nicht mehr einschlafen. Was früher nie ein Problem war, zumindest deutete sein unrhythmisches, mitunter röchelndes, manchmal operettenhaftes Schnarchen an, dass es Menschen gibt, die ganz ohne jegliche Informationen über den aktuellen Body Count bei Barnaby halbwegs friedvoll ruhen können. Selbstverständlich nur bis zum nächsten Morgen.

Und obwohl ich einfach annehmen muss, dass keiner von uns beiden den anderen wirklich je mit einem Kissen ersticken wollte, nur weil wir es beide zu unterschiedlichen Zeitpunkten jeweils schon über den Kopf des anderen hielten, damit das Rascheln oder Schnarchen ein Ende haben möge, brachte mich auch dieses im letzten Moment vereitelte Verbrechen zum Ergebnis: Die Lösung für unser beider Problem war textil. Statt uns gegenseitig zu ersticken, mussten wir nur sticken lassen. Und zwar durch eine Maschine, die zwar auch nach Erledigung des Jobs rebootet werden musste, weil sie sich im Sleepmodus befand, dennoch hat sie uns ein wunderbar weiches und trotzdem atmungsaktives Tüchlein geschenkt, auf dem mit feinstem Perlgarn die Worte prangen, die die geneigte Leser*innenschaft auch im Internet-Episoden-Guide, Staffel 1-6, findet und die wirklich dazu taugen, einem normalen, gesunden Menschen ein erquickendes Schläfchen zu schenken, sogar des Nachts. Wenn uns nun Leute fragen, wie wir unseren Teint und unsere Beziehung frisch halten, können wir nicht anders, als auf die andere Paarhälfte zu blicken und unisono zu gestehen: »Dieser Lappen hat mein Leben verändert.«

Die Diekenkämper-Protokolle

Früher war das so: Sobald ich einen Supermarkt betrat, wurde ich zu einem anderen Menschen. Denn völlig egal, ob ich mir zuvor einen Einkaufszettel erstellt hatte oder nicht, stets wurde ich von dem riesigen Sortiment derart überwältigt, dass mein Körper außergeistige Erfahrungen machte, sobald er das Drehkreuz überschritten hatte. Im Supermarkt wusste ich plötzlich nicht mehr, welche Zusammenstellung von Nahrungsmitteln eine essbare oder gar schmackhafte Mahlzeit ergeben könnte. Oder ob überhaupt. Daher suchte ich manchmal Produkte nach deren Konsistenz aus, mal folgte ich vermeintlichen Sonderangeboten, nicht selten erregte ein ungewöhnliches Verpackungsformat spontan mein Interesse. So gab es zum Abendessen schon mal statt Spaghetti bolognese Cashewkerne mit Brauseduschkopf, dafür hatte ich fürs Frühstück schon Kreuzkümmel und Blumenerde mitgebracht.

Aber als ich in eine andere Stadt umgezogen bin, änderte sich die Lage. Und zwar dramatisch. Ich musste nicht mehr im Rewe stehen, um ein anderer Mensch zu werden. Ich musste bloß noch den Vorraum der hiesigen Filiale betreten, um eine vollkommen andere Person zu sein. Nämlich: Frau Diekenkämper. Lehrerin an der Pestalozzi-Grundschule, wie ich herausfinden konnte. Wahrscheinlich hatte ich auch einen Vornamen, aber als verbeamtete Autorität wurde ich selbstverständlich gesiezt. Trotz meiner stets sprühenden Lebensfreude und zupackenden Art. Ja, so war ich, wenn ich Frau Diekenkämper war.

Natürlich verlief diese Transformation nicht von einem Tag auf den anderen. Es brauchte ganze zehn Minuten. Wahrscheinlich trugen meine überdurchschnittliche Körpergröße, die Haarfarbe, eine verstörend vernünftige Funktionsjacke und vor allem der Mund-Nasen-Schutz dazu bei, meine neue Teilzeitidentität im Rekordtempo zu manifestieren. Also, von meiner Seite aus. Die meiste Arbeit erledigten die Damen vom Aufbackofen. Eben jene teils quereingestiegenen Bäckereifachverkäuferinnen, die hinter der genormten Theke stehen, mit der sie im Supermarkt zwischen automatischer Eingangsglasschiebetür und Einkaufswagenparkstation hineingefranchiset wurden. Diese armen Frauen stehen da tagtäglich im Zug. Von einer Seite piepsen ununterbrochen die Scannerkassen, von der anderen weht es in unregelmäßigen Abständen die unangenehmste Sorte von Leuten herein, sprich: Kund*innen. Mit denen will man natürlich nicht in eine Schublade gesteckt werden. Ich nahm den Umzug in eine andere Stadt von Anfang an als Chance wahr. Schließlich hieß es aus den umliegenden Metropolen stets, dass Leverkusen auch nur eine etwas weniger umständliche Art sei, um Niedrigschwelligkeit zu buchstabieren. Vor meinem Antrittsbesuch im Rewe lernte ich also das Sortiment der hiesigen Bäckereikette auswendig, um dann vor Ort souverän mein Kaufangebot abzugeben: »Fünf normale Brötchen, bitte!«

Die Verkäuferin sah mich verblüfft an: »Ach, heute kein halbes Roggenmisch geschnitten, Frau Diekenkämper? Aber heute ist doch Familientag!« Bevor ich mich zu der Verwechslung äußern konnte, übernahm die erfahrene Kollegin hinter der Theke das. Sie rügte die Jüngere sanft: »Mensch, Vanessa, bist du jetzt völlig bekloppt geworden? Heute ist Mittwoch, Familientag ist morgen!« Vanessa errötete und murmelte: »Tut mir leid.«

»Nicht schlimm«, wollte ich ihr versichern, aber auch das übernahm deren Kollegin: »Nee, da musste dich nicht für entschuldigen, Vanessa. Die Frau Diekenkämper versteht das. Die Frau Diekenkämper ist ja 'ne Gute.« Wie zuvor erwähnt: Ich will von Bäckereifachverkäuferinnen nicht mit deren vielen, vielen nervigen Kundinnen verwechselt werden, aber warum eigentlich nicht mit der einen guten? Weshalb sollte ich mich nicht einmal im Ruhm einer anderen sonnen, zumal dieser ominösen Dame, von der ich bisher nur wusste, dass sie ihr Roggenmischbrot gewöhnlich geschnitten erwarb, hierdurch keinerlei Nachteile entstehen könnten. Schlimmstenfalls würde man sie, wenn sie später am Tage hier auftauchte, für leicht vergesslich oder ungewohnt hungrig halten. Die ältere Kollegin beendete mein moralisches Dilemma, indem sie mir anvertraute: »Frau Diekenkämper, die normalen Brötchen sind heute so klein. Ich tu Ihnen noch ein sechstes dabei, aber verraten Sie es keinem, ne?«

Dann zwinkerte sie. Verdammt. Es dauert Monate, wenn nicht sogar Jahre, bis man ein sechstes dazubekommt. Andererseits könnte ja jeden Moment die echte Frau Diekenkämper auftauchen und dann wäre ich bestimmt gar keine Gute mehr und ... »Sie können es ja vertragen, so schmal, wie Sie sind, Frau Diekenkämper!«, legte die Bäckereifachverkäuferin nach. Damit hatte sie mich an den Eierstöcken. Natürlich zwinkerte ich da zurück.

Dann zahlte ich. Besser gesagt: Seitdem zahle ich. Für ein sechstes Brötchen und ein plumpes Kompliment habe ich meine Integrität verkauft und befinde mich seit dieser Transaktion im Anti-Zeugenschutzprogramm. Mit den Worten: »Dann schönen Tag noch, Frau Diekenkämper, und schön, dass Sie wieder da sind!«, wurde ich als vogelfrei ausgerufen und fortan gejagt. Und zwar mindestens zehn Minuten pro Tag, quer durch den gesamten Rewe. Meist von Müttern Mitte dreißig, deren Kinder sich vormittags ganz offenbar unter der Obhut von Frau Diekenkämper befanden. Die sich meinen Berechnungen nach in diesem Zeitraum ebenfalls im Schulgebäude befinden müsste. Aber Mütter wissen es einfach besser. Und schneller. Anfangs stellten sie auch keine Fragen, sondern ballerten einfach drauflos. Sobald ihr Schlachtruf »Ach, hallo!« ertönte, war es für mich zu spät: Sie versperrten mir geschickt den Fluchtweg mit ihren Einkaufswagen und laberten ihr gesamtes Magazin leer. Die erste Attacke erwischte mich eiskalt, am letzten Tag der Sommerferien: »Ach, hallo, Frau Diekendings, ach, ich bin's, die Mutter von Damiaaan! Ja, der freut sich ja auch so, dass es dann wieder losgeht mit der Schule, so richtig, ne? Hätten wir ja früher auch nicht gedacht, dass der Damian sich mal auf die Schule freut, ne. Hahaha. Aber der Damian ist jetzt halt auch unsicher, mit dem Stundenplan, also wo er den jetzt bekommt, aber wahrscheinlich am ersten Tag, ja, ne, oder? Habe ich ihm auch gesagt, dem Damian. Und haben die dann auch gleich schon Sport? Weil dann müsste Damian ja seinen Turnbeutel direkt am ersten Tag mitnehmen. Also ich habe ihm lieber gesagt: ›Damian, dann nimm den Turnbeutel halt einfach mit, dann biste auf der sicheren Seite‹, und ...«

»Turnbeutel mitnehmen ist immer gut«, bestätigte ich. Keine Ahnung, wo diese absurde Idee auf einmal herkam, aber Damians Mutter strahlte: »Da haben Sie recht, Frau Dingenskämper! Kein Wunder, dass Sie die Lieblingslehrerin vom Damian sind!« Ich habe gern recht. Viel zu gern. Fast so gern, wie ich berichtige: »Diekenkämper«, korrigierte ich freundlich, aber bestimmt.

Ja, das war natürlich mein Fehler. Aber den hatte ich immerhin direkt ausgehöhlt. Statt zu versuchen, nachmittags Brötchen zu holen, mich durch Mützen zu tarnen oder nach Schuhen zu suchen, die mich optisch bis zu sieben Zentimeter kleiner erscheinen lassen, nahm ich mein Schicksal an. Und versuchte, für alle Beteiligten das Beste herauszuholen. An erster Stelle standen bei mir natürlich die Kinder. Meist hörte ich ihren Erziehungsberechtigten nur zu, aber seit ich bemerkt hatte, wie gut meine Ratschläge ankommen, wurde ich ... verantwortungsbewusster. Mit Aussagen wie »Wir gehen den gesamten Stoff ja vor der Klassenarbeit noch mal durch!« oder »Das Kollegium verzweifelt ja auch an der Technik« konnte ich mich zwar aus vielen Diskussionen rausglückskeksen, allein: Irgendwann reichte mir das nicht mehr. Also, der Frau Diekenkämper. Die war ja Lehrerin aus Leidenschaft und wenn sie individuellen Förderbedarf sah, der offenbar genetisch vorprogrammiert war, dann fand so ein Elterngespräch halt auch mal am Pfandautomaten statt.

Felix zum Beispiel musste lernen, sich zu fokussieren. Das hatte ich ja schon daran gemerkt, wie seine Mutter in der Gemüseabteilung eine Avocado nach der anderen betatscht hat. Belinda sollte besser abwägen, empfahl ich ihrer Oma beim Bananenabwiegen, Belohnungen sind wichtig, wusste ich beim Griff ins Schokoladenregal und als ich an der Kasse tatsächlich mal alle Zutaten für eine Kartoffel-Lauch-Suppe beisammenhatte, rief ich aus: »Manche lernen halt langsamer als andere, aber wichtig ist doch die liebevolle Begleitung!« Da applaudierte mir die ganze Warteschlange und beim Winken hörte ich noch, wie sich alle darauf einigten, dass sie auch gerne eine Lehrerin wie mich gehabt hätten: Patent, fröhlich, immer ein offenes Ohr, und ja, man schwor sich gegenseitig, dass man sich bei so viel Engagement meinerseits jetzt schon richtig auf das Sankt-Martins-Fest freuen würde. Und sogar gedächte, dorthin zu gehen.

An diesem Tag wurde mir klar: Grenzen sind wichtig. Meine persönliche hatte ich wohl längst überschritten. Auf dem Nachhauseweg überlegte ich panisch, wie ich die Diekenkämper-Identität aufrechterhalten könnte, ohne die Kinder, deren Eltern und natürlich die wahre Frau Diekenkämper zu gefährden. Wurde bei Martinsumzügen überhaupt mit Lehrkräften *gesprochen* oder nur gesungen, heimlich gesoffen und manch brennende Laterne gelöscht? Würde ich mich vielleicht als heiliger Martin bei der Schule bewerben können, um notfalls heikle Szenen mit meinem Schwert trennen zu können? Ich rief die Homepage der Schule auf. Verdammt, sie hatten schon einen Martin. Waren aber noch auf der Suche nach einem Pferd. Würde ich nach trojanischem Vorbild aus dem Inneren heraus agieren können? Als ich gerade Hufe an mein Osterhasenkostüm schweißen wollte, erinnerte ich mich gerade noch rechtzeitig an meine großartigste Eigenschaft: zu erkennen, wenn etwas vorbei ist, wenn auch meist Monate zu spät.

Fortan kaufte ich woanders ein. Meist in Köln, kurz vor Ladenschluss. Tagsüber verließ ich das Haus kaum noch und wenn mir Eltern meiner Schüler*innen entgegenkamen, schlug ich mich einfach ins Gebüsch.

Am Abend des Sankt-Martins-Umzuges aber überkam es mich. Im Schutze der Dunkelheit schlich ich zur Schule hin und beobachtete das bunte Treiben aus sicherer Entfernung hinter dem Gitterzaun zum Pausenhof. Ich erkannte einige Eltern und sah nun endlich die passenden Kinder dazu. Damian sang so schief, wie ich vermutet hatte, aber Belinda wirkte ausgeglichen, Felix fokussierte sich auf sein Handy.

Auf einmal bemerkte ich, dass ich nicht allein am Zaun stand. Andere Frauen, teilweise in meinem Alter, von meiner Größe und Statur, aber auch kleine, drahtige Mittsechzigerinnen hatten sich neben mir versammelt und schauten stumm auf das Geschehen. Eine brach endlich das Schweigen: »Hach, die Klassenfahrt an den Biggesee hätte ich damals doch noch gerne mitgemacht.«

Eine andere antwortete spöttisch: »Sie sind ja billig zu kriegen! Ich war kurz vor der Verbeamtung, als ich die Nerven verloren habe mit diesen nichtsnutzigen Eltern!«

Die Erste schnaufte: »Ach komm, ich habe gehört, die aktuelle Frau Diekenkämper hat's für 'nen sechstes Brötchen getan!«

Alle Frauen lachten, bis eine vertraut anmutende Stimme hinter mir sprach: »Ach, meine Damen, nun tun Sie mal alle nicht so! Die Neue hatte es aber auch echt schwer und dafür hat sie echt lange durchgehalten. Ich finde, das war 'ne Gute!«

Ganz vorsichtig drehte ich mich um. Natürlich blickte ich in das Gesicht der Bäckereifachverkäuferin. Sie zwinkerte. Ich zwinkerte nicht zurück, sondern nickte bloß. Wie gesagt, es gibt Grenzen. Allein für Frau Diekenkämper existieren keine: Denn sie ist eine Legende, vielleicht auch eine Lichtgestalt, aber ich denke, sie lebt. Und zwar nicht im Untergrund, sondern gut getarnt im besten Versteck. Nämlich jenem, das gar keines ist. Sondern geradezu offensichtlich, fast durchsichtig. Wie eine gläserne Bäckereitheke im Vorraum zum Rewe.

Mein Kammerjäger
und die Brauen des Grauens

Ich empfinde es immer als etwas unangenehm, wenn Privatpersonen im öffentlichen Raum Dienstleistende mit Possessivpronomen belegen. Sätze wie »Unser Architekt hat das ja damals direkt mit einkalkuliert« oder »Meine Tortenfee arbeitet sehr gut nach Vorlage« oder gar »Ich habe dann natürlich direkt eine zweite Werteinschätzung von *meinem* Juwelier angefordert« lassen mir immer einen lauwarmen Schauer über den Rücken laufen. Wahrscheinlich wäre der Schauer eiskalt, wenn mein Kopf dabei nicht so rot glühte, denn zu all der Fremdscham für diese Leute kommt ja noch die eigene hinzu. Welche sich aus der bizarren Idee nährt, dass diese Besitzbekundungen an arbeitenden Menschen nicht nur ab einer gewissen gesellschaftlichen Stellung, sondern auch ab einem bestimmten Alter ganz normal und vollkommen akzeptabel sind. Und dass ich diese Altersgrenze schon so weit überschritten habe, dass ich den dazugehörigen Status nie erreichen werde. Aber dafür auf Gartenpartys herumstehe und versuche, der Jugend auch noch ihren Cringe zu stibitzen.

Da lauwarme Schauer im Hochsommer bestimmt gesund sind, aber sich nicht erfrischend anfühlen, versuche ich also, auf einer dieser Partys angemessen in das Gespräch einzusteigen. Wie beim Gummitwist auf dem Schulhof damals. Warten, bis ein Slot im Ring frei ist, und dann einfach so springen und drehen, wie die anderen es vorgemacht haben.

Was soll also passieren? Als sich das Diskussionsthema nun in eine Richtung neigt, die mir vertraut erscheint, nämlich »Wohnen in überdachten Steinbauten«, grätsche ich also rein: »Mein Kammerjäger meinte ja neulich, dass ...«, und werde prompt unterbrochen: »Entschuldigung, was hast du da gerade gesagt?«

Die Frau, die früher bestimmt Gummitwistkönigin war, rümpft ihr ganzes Gesicht. Mir fällt wieder ein, was beim Gummitwist passieren kann: verheddern: »Äh, unser *Schädlingsbekämpfer* hatte neulich einen guten Tipp, und zwar, also ... bei unserem Bettwanzenproblem, da hat er empfohlen ...«

Es ist nicht leicht, einen guten Ratschlag vom Profi an Laien weiterzugeben, wenn die immer weiter von einem abrücken, sich kratzen und schließlich ins Haus verschwinden. Und dann auch noch die Terrassentür hinter sich, aber vor mir verschließen. Ich komme nicht mehr dazu, zu berichten, dass unser Bettwanzenproblem gar keines gewesen ist, wie Herr Stutz, der Fachmann in Sachen Schaden durch Schaben, bei seinem ersten und einzigen Besuch bei uns feststellte.

Herr Stutz hat sich sogar auf unsere Couch gesetzt, zwei Tassen Kaffee getrunken und sich unsere Theorien angehört. Darüber, wie die winzigen Krabbeltiere ins Haus gekommen sein könnten. Und wie auf keinen Fall. Und als ich unter Tränen meiner Hoffnung Ausdruck verlieh, die Stiche auf unseren Waden kämen von Flöhen, die die Katze unserer Vormieterin als Abschiedsgeschenk hinterlassen hätte, reichte Herr Stutz mir ein Taschentuch. Dann sprach er: »Also, Bettwanzenbisse sind das schon mal nicht. Wenn es Flöhe sind, dann gibt es zwei Möglichkeiten: Entweder ich verkaufe euch diese Fallen, für siebzig Euro das Stück, zuzüglich Märchensteuer, eine pro Zimmer, und dann kommt noch mein

Arbeitslohn obendrauf. Dann sind wir grob bei sechshundert Euro. Oder: Der Herr des Hauses schnappt sich mal einen Schraubenzieher und den Staubsauger. Und macht dann mal unter den Türschwellen und Fußleisten alles schön sauber. Und den Rest darum auch, wenn er gerade dabei ist.«

Mir fiel die Wahl da nicht schwer, allein mein Freund erweckte einen leicht überlegenden Eindruck. Herr Stutz stand auf und sagte: »Kinder, seid ihr vielleicht vor Kurzem über 'ne Wiese gelaufen oder habt im Park ein Picknick veranstaltet? Schon, oder? Was ihr da auf den Beinen habt, sind Grasmilbenstiche. Da geht ihr zu meiner Apothekerin und holt euch diese Salbe, die hilft. Schönen Gruß von mir, die weiß dann schon Bescheid. Ich berechne euch heute gar nichts, weil der Kaffee so gut war, aber: Der junge Mann hier saugt jetzt trotzdem durch! Tschüss.«

Streng genommen war Herr Stutz also nie unser Kammerjäger, sondern wird immer mein Held bleiben. Das mit der Kundinnenbindung hat bisher noch nicht so geklappt, aber er ist trotzdem stets in meinem Herzen. Genau wie die Frau, die meine Brauen bändigt.

Nein, sie ist nicht »*meine* Friseurin« oder gar »*meine* Wimpernfee«. Ihr Spezialgebiet sind Brauen des Grauens. Und mittlerweile bin ich davon überzeugt, dass es noch andere Frauen gibt, die ihre Stirnmähnen in die Hände von Meltem legen, denn sonst lohnt sich das nicht für sie als Geschäftsfrau. Und das ist Meltem unbedingt. Sie hat einen Stuhl bei einem Herrenfriseur gemietet, mittwochs und freitags empfängt sie dort Kundinnen, die schnell nachwachsende Rohstoffe in ihren Gesichtern hochziehen und alle vier Wochen ihre Erntehilfe benötigen. Problemfälle wie mich. Meltem stellt sich auf die Zehenspitzen, schaut mir tief über die Augen und ihre Diagnose lautet stets: »Gehen wir erst mal eine rauchen.« In drei Zigarettenlängen erfahre ich, was ihre drei mehr oder weniger unselbstständigen Söhne gerade treiben oder nicht, wie es ihrer schwer kranken Mutter geht und wo man am besten gefüllte Paprika für vierzig Personen bestellt. Und wo besser nicht. Wenn es heißt: »Und mein Mann ... ach, was erzähle ich, du hast ja selber einen, oder?«, dann nicke ich eifrig und Meltem scheucht mich in den Laden, denn: »Da müssen wir jetzt ran, bevor die sich über der Nasenwurzel treffen.«

Meltem ringt die Biester dann nieder, mit Faden und Pinzette, unter Schimpfen und Stöhnen. Die Farbe, die Meltem anschließend in die Kleinstwunden klatscht, brennt so sehr, dass ich jedes Mal glaube, sie will mit der Mischung meine Haarwurzeln verätzen. Aber erstens ergäbe das gar keinen Sinn, Stichwort Kundinnenbindung, zweitens sind meine Augenbrauen hart im Nehmen. Aber kolorationstechnisch nur schwer aus der Deckung zu locken. Mal dauert es nur zwei Minuten, mal zwanzig, bis sie die Farbe aufgenommen haben. Wenn die Pampe aufgetragen ist, schließe ich die Augen und Meltem telefoniert. Obwohl ich kein Türkisch verstehe, ahne ich meist, mit welchem Familienmitglied sie gerade spricht. Meltem schimpft mit jedem, außer ihrer Mutter, da schaltet ihre Stimme von Keifen direkt auf einen liebevollen Gurrton um. Wenn ihr Mann anruft, gibt Meltem nur Anweisungen. Vielleicht auch nur eine Anweisung, aber die wiederholt sie ständig.

Dann legt sie auf und scheuert mir die überschüssige Farbe von den Brauenbiestern, großflächig. Mein Teint ist dann immer noch Stunden nach der Behandlung sehr rosig. Nur einmal entstand ein Timing-Problem. Meltems Telefon klingelte schon, als nicht beide, sondern nur meine rechte Braue von der Farbmischung bedeckt war. Ihr Mann war dran und Meltem kann wirklich alles, außer Freisprechanlage. Also klemmte sie sich das Telefon zwischen Ohr und Schulter, während sie das farbgetränkte Wattestäbchen auf meiner Nase parkte. Ich tippte ihr auf die Schulter, Meltem reagierte blitzschnell: Sie drückte mir ihr Telefon in die Hand und sagte: »Rede du mit ihm. Ich kann gerade nicht.«

Ich wagte nicht zu widersprechen, hielt also das Telefon an mein Ohr: »Merhaba? Hala orada misin? Meltem?«, schallte es mir verunsichert entgegen.

»Hallo, guten Tag. Ihre Frau kann grad nicht. Hier ist eine ihrer Kundinnen.«

»Ah. Okay. Ich habe eine Frage an meine Frau. Können Sie die weiterleiten?«

Ich bejahte, aber Meltem stand auf und ging Richtung Ladentür. »Du kannst jetzt nicht rauchen gehen« rief ich. »Auf meiner zweiten Augenbraue ist keine Farbe und dein Mann hat eine Frage!«

Meltem zückte ungerührt ihr Feuerzeug und sagte: »Kannst du ihm auch beantworten. Ist nur ein Mann. Du hast auch einen, du weißt, wie das geht.«

Dann ging sie zur Tür heraus, stellte sich rücklings zum Schaufenster und steckte sich ihre Zigarette an. »Hallo, hallo, ich habe eine Frage«, wiederholte Meltems Mann im jammernden Tonfall.

»Worum geht es denn?«, erkundigte ich mich. Und hoffte, es ginge um gefüllte Paprika, da wüsste ich ja, wo man die bestellen musste. Und wo nicht.

»Mein Autoschlüssel ist weg«, beschrieb Meltems Mann seine Notlage.

Ich sagte: »Kann ja gar nicht. Schon überall gesucht?«

»Ja, überall. Jackentasche. Andere Jackentasche. Hosentasche. Ist weg.«

Langsam wurde mir klar, warum Meltem so viel rauchen musste.

»Der ist nicht weg«, erklärte ich ihrem Mann erneut. »Auch da geguckt, wo er normal liegt?«

»Sie meinen, in der Schublade im Schrank im Flur?«

»Ja, natürlich. Wo denn sonst?«

»Ja, klar habe ich da geguckt. Als Erstes.«

Meine rechte Braue begann zu knistern, ich blaffte in Meltems Telefon: »Dann guck halt noch mal richtig!«

Meltems Mann sagte nichts. Aber ich hörte Schritte, dann ein Quietschen. »Da ist er nicht«, behauptete Meltems Mann trotzig, ich befahl: »Ganz aufmachen, die Schublade. Mit der Hand durch die hinteren Ecken wuscheln. Und?«

Stille. Dann: »Ah, da ist er ja. Danke. Danke, Kundin!«

»Bitte sehr. Nächstes Mal einfach besser gucken, okay?«

»Okay. Können Sie meiner Frau noch sagen, dass sie ...«

Meltem kehrte zurück, nahm mir ihr Telefon aus der Hand und beendete den Anruf grußlos. »Siehst du, ging doch. War nur ein einfaches Männerproblem, kann jede Frau lösen, auch ohne Ausbildung.«

Ich war so stolz auf meine Mitarbeit, dass ich fast gesagt hätte: »Mein Kammerjäger hätte das aber auch gekonnt!«, aber mir fiel gerade noch rechtzeitig ein, dass es nicht an der Zeit war, einen Mann zu loben oder gar auf dessen Berufstätigkeit einzugehen.

Es war an der Zeit, die eingetrocknete Farbe von der Braue zu kratzen und festzustellen: Da war keine Braue mehr. Sie hatte sich von meinem Gesicht getrennt und klebte komplett an dem Schaber in Meltems Hand. Es schmerzte, dass sie sich einen neuen Aufenthaltsort gesucht hatte, wo sie doch gerade den perfekten Farbton angenommen hatte. Auf der nächsten Gartenparty würde ich berichten können: »Meine Ex-Augenbraue hat sich total positiv entwickelt, seit sie mich verlassen hat.«

Meltem schlug vor: »Wir könnten die andere Seite auch wegmachen. Oder versuchen, die Haare einzeln wieder anzukleben. Aber dann passen die farblich nicht zusammen so richtig.«

Keiner dieser Lösungsvorschläge schien mir praktikabel für ein Gesicht, das ich täglich mit mir führe. Im Spiegel betrachtete ich den Totalausfall über dem rechten, dann den schon wieder wild wuchernden Wuchs über meinem linken Auge. Ich glaubte nicht daran, dass der Markt das regelt, aber schon an die Kraft der Natur. Eine neue Generation Haarbälge würde sich bald an ihrem Stammplatz ansiedeln, meine rechte Braue würde zurückkehren wie Grasmilben im Sommer. Und bis dahin musste ich mal die Anweisungen geben, für *meine* Trendfrisur: »Meltem, kannst du bitte einen Pony schneiden? Lang, bis über die Augen? Ist ja wurscht, wenn ich die nächsten paar Wochen nichts sehen kann. Und dann gucken wir beim nächsten Termin mal, wie sich die Sache entwickelt hat.«

»Klar«, sagte Meltem. »Geht aufs Haus. Alles.«

Freuckma

Ich bewundere alle Menschen, die Deutsch als Fremdsprache lehren, zutiefst. Fast so sehr wie jene, die gezwungen sind, Deutsch zu lernen, weil ihre Lebensumstände sie in Länder gebracht haben, in denen Deutsch gesprochen wird, denn, seien wir ehrlich:

Deutsch ist nicht schön. Nicht im klassischen Sinne und schon gar nicht im modernen. Manchmal glaube ich, im Alltag gesprochenes Deutsch klingt so ... interessant, dass nur Muttersprachler*innen es lieben können. Deutsch ist grob, einschüchternd, unlogisch, eckig, aber dabei noch: arrogant.

Es wirft beispielsweise der türkischen Sprache vor, dass sie zum größten Teil aus der verschwenderischen Nutzung des Buchstaben »ü« bestehe, informiert aber im nächsten Satz völlig ungerührt: »Jürgen übt seit heute früh in der Küche, ein Süppchen aus Tiefkühlgemüse zu brühen!«

Deutsch kratzt hart im Hals, süße Grüße verwandeln sich im Rachen zu Drachen. Jede nette Nichtigkeit gleicht einer geröchelten Todesdrohung und das beginnt schon am frühen Morgen: »Ich roch doch Kaffee! Kocht der noch?«

Selbst Klingonisch ist eine süßliche Verheißung im Vergleich zu Deutsch! Täglich erschaffen wir neue Ungetüme, indem wir zum Beispiel Hauptwörter aneinanderkleben. Einfach, weil wir es dürfen! Uns genügt es nicht, eine winzige Idee im und ein riesiges Brett vor dem Kopf zu haben, nein, wir müssen das schriftlich festhalten und gleich einen »Holzbodenschleifmaschinenverleih« eröffnen!

Und wenn wir mit diesem Geschäft dann pleitegehen, dann gibt es genau ein Wort im Deutschen, das sowohl Empathie bekunden, Trost spenden als auch sämtliche zuvor zurückgehaltene Kritik an dem Unterfangen sowie gute Ratschläge für die Zukunft beinhalten *kann*. Wobei: Dieses Wort ist nicht mal ein Wort, eher ein Geräusch, das aber nahezu universell einsetzbar ist, und es lautet: »Tja.«

Tja. »Tja« ist eine Schutzbehauptung, mit der alles, aber auch nichts auf Deutsch gesagt ist; drei Buchstaben, deren Subtext so umfangreich wie die Bibliothek von Alexandria sein kann oder, alternativ, gar nicht vorhanden! »Tja« ist eine gefährliche Waffe, mit der wir irgendwann uns selbst und andere verletzen können. Und wahrscheinlich auch werden. Tja.

Ich weiß gar nicht, ob »Tja« auf dem Lehrplan steht, wenn Deutsch als Fremdsprache unterrichtet wird. Und ich weiß nicht, ob es das sollte. Was denken Sie? Das war eine rhetorische Frage, aber ich würde schon gern wissen, ob jemand gerade beim Lesen »Tja« gedacht hat. Wobei: Wird »Tja« überhaupt gedacht oder nur gesagt? Ist »Tja« das, was uns über die Lippen flutscht, ohne den Umweg über das Gehirn zu nehmen? Tja, man weiß es nicht.

Was ich aber weiß, ist, dass es wenigstens einen Menschen gibt, der es einst mit dem bösen »Tja« aufgenommen hat und sich dem »Tja« ebenso mutig wie listig entgegenstellte. Mein alter Freund Timothy, der aus den USA stammt und Mitte der 1990er Jahre ein Austauschsemester in Berlin absolvierte. Wir begegneten uns zum ersten Mal, als wir auf dem Campus das Immatrikulationsbüro suchten. Als wir es nach Stunden schließlich fanden, stellte sich heraus, dass wir beide an der falschen Universität gelandet waren. Dieses schmachvolle Erlebnis besiegelte unsere Freundschaft, die wir in den Stand eines Sprachtandems zu erheben versuchten. Dieses erwies sich jedoch bald als äußerst klapprig. Denn Timothy tat sich zunächst schwer mit der Aussprache, bald darauf folgte ein gesundes Misstrauen gegenüber der Grammatik, schließlich flößte ihm unsere gesamte Sprache Furcht ein, was ihn letztlich dazu veranlasste, sich nur noch auf Englisch fluchend durch die Stadt zu bewegen. Nicht zuletzt aufgrund meiner didaktischen Unfähigkeit war Timothy also auf dem besten Weg, sich zum wandelnden Klischee eines angefressenen Amis zu entwickeln, aber das Schicksal ließ ihn gerade noch rechtzeitig zum Hauptdarsteller seiner persönlichen Romcom werden. Timothy verliebte sich. Ausgerechnet in die unwahrscheinlichste Kandidatin, nämlich meine Nachbarin Nadine. Nadine war eine Eingeborene, waschechte Ost-Berlinerin, dazu noch Teilzeitbäckereifachverkäuferin, die aber auch gern im Grünen über die Züchtung von Gürkchen grübelte. Gesprächsanbahnungen zwischen den beiden gestalteten sich aber nicht nur aufgrund wenig kongruenter Interessensgebiete als schwerfällig. Es war auch für mich nicht einfach, Nadine zuzuhören, denn ihre Stimme glich einem schroffen Blöken, welches sie immerhin sparsam einsetzte. Und doch war Timothy ihren Reizen verfallen. Er quälte sich, er verzehrte sich nach ihr und so sprach ich ihm Mut zu: »Gesteh ihr deine Liebe«, ermunterte ich ihn. »Im schlimmsten Fall sagt sie dir, dass sie nicht auf dich steht. Aber dann weißt du wenigstens, wo du stehst.«

Timothy war sichtlich erschüttert darüber, wie oft ich in zwei Sätzen das Verb »stehen« genutzt hatte. Aber am selben

Abend trank er sich so viel Mut an, dass er gerade noch vor den Balkon meiner Nachbarin torkeln und zu ihr emporrufen konnte: »Nadine! Deine Grübchen sind süßer als Kürbiskernbrötchen! Du gehst mir nicht mehr aus dem Kopf seit dem Tag, an dem ich dich traf! Und wenn es dir auch so geht, dann sag jetzt Ja! Und wenn nicht, dann sag jetzt ... irgendetwas ... irgendetwas, nur bitte nicht: tja!«

Ich stand auf dem Balkon über Nadines und verdrückte eine Träne. Auch war ich versucht zu applaudieren, aber ich war mindestens genauso gespannt auf Nadines Antwort wie Timothy. Und nach ein paar unendlichen Sekunden lautete diese schließlich: »Freuckma.«

Freuckma? Timothy sah hilfeheischend zu mir nach oben. Ich zuckte mit den Schultern, aber bevor ich dazu noch »Tja« sagen konnte, vernahmen wir ein verheißungsvolles Rasseln, ein silbriges Klirren in der lauen Sommernacht, gefolgt von einem deftigen ... Klabatsch! Nadine hatte ihre Schlüssel vom Balkon geworfen, um Timothy Einlass zu gewähren. Und obwohl die beiden nicht zusammen glücklich bis ans Ende ihrer Tage lebten, so glaube ich doch, dass an diesem Abend die Liebe obsiegte. Und Sprachbarrieren eingerissen wurden. Zumindest ich habe noch etwas gelernt:

»Freuckma« ist keine drollige Sagengestalt, keine alte Kartoffelsorte oder gar ein Medikament gegen Kopfschmerzen. Sondern die bescheidene, halbwegs überraschte, aber grundehrliche Erwiderung auf eine positiv stimmende Nachricht: Freuckma. Kurz für: Ick freue ma. Also: mir. Beziehungsweise: mich. Ich freue mich. Freuckma. Dieser Ausdruck eines Gefühlsausbruches nach Berliner Art sollte meiner Meinung nach unbedingt in den Lehrplan für Deutsch als Fremdsprache aufgenommen werden. Oder zumindest immer dann

gesagt werden, wenn jemand Ihre Grübchen mit einem Kürbiskernbrötchen vergleicht, ohne sich dabei die Zunge zu
brechen. Denn das ist wahre Hingabe. Und der Schlüssel zur
Seele meiner wunderhässlichen Muttersprache.

Falls Sie das auch so sehen: Freuckma.

Und falls nicht: tja ...

Vorher spricht noch kurz
die Gleichstellungsbeauftragte

Wir alle kennen sie, die Versprechen der Mächtigen, diese berühmten Beschwichtigungsversuche, die sich allesamt als unwahr herausstellten: »Niemand hat die Absicht, eine Mauer zu errichten.« Oder auch: »I did not have sex with that woman, Monica Lewinsky«, nicht zu vergessen, der Klassiker: »Die Renten sind sicher.«

Kleinkünstlerinnen kennen zusätzlich noch einen Bonustrack, den sie mindestens einmal im Jahr zu hören bekommen, oft ausgesprochen von einer ganz famosen, engagierten Person, die diese Benefizveranstaltung am 8. März auf die Beine gestellt hat, und der lautet: »Ach ja: Vorher spricht noch ganz kurz die Gleichstellungsbeauftragte.«

Nun. *Ganz kurz* vorweg: Ich habe nix gegen Gleichstellungsbeauftragte. Nicht gegen eine bestimmte und schon gar nicht gegen alle, im Gegenteil: Kaum ein anderer Berufsstand nötigt mir mehr Respekt ab als jener der Gleichstellungsbeauftragtengilde. Ausgenommen vielleicht die der Busfahrer und Busfahrerinnen, denn die müssen ja mit Menschen *und* großen Autos umgehen können. Es ist auch nicht so, als könnten Gleichstellungsbeauftragte nicht sprechen, aber eben nicht kurz vorweg auf Bühnen. Kaum im Rampenlicht, passiert dann immer etwas sehr Merkwürdiges mit diesen eloquenten Wesen, die alle so was von vom Fach und wahnsinnig erfahren sind. Denn wenn Gleichstellungsbeauftragte einen Abend eröffnen, der inhaltlich von Frauen für Frauen gestaltet wird, geschieht Folgendes mit ihnen: Sie sind hemmungslos gehemmt. Und je monotoner sie reden, desto länger bleiben sie am Mikro. Manchmal habe ich das Gefühl, Frauen mit Gleichstellungsauftrag finden in diesen Momenten neben den ernsten, auf Karteikarten notierten Themen, die sie noch kurz ansprechen wollen und *müssen*, immer noch spontan vier weitere, ernstere Themen *und* noch drei bis zwölf wichtige organisatorische Informationen, die aber immer sofort im Raum verpuffen, also noch bevor sie die Gehirne der Ehrengäste in der ersten Reihe erreicht haben.

In solchen Momenten, also in diesen gefühlten (und manchmal realen) Stunden hinter oder neben der Bühne überlege ich manchmal, was ich tun würde, wenn ich Gleichstellungsbeauftragte wäre. Also, sowohl den ganzen Tag über, als auch an solchen Kurz-vorweg-noch-ein-paar-Worte-sagen-Abenden. Realistisch, wie ich mitunter bin, weiß ich, dass ich wahrscheinlich viele, viele Arbeitstage hinter mich bringen müsste, bevor ich kurz was vorweg sagen dürfte. Oder müsste. Denn wahrscheinlich geht dem Gleichstellungsbeauftragtentum eine solide Ausbildung, wenn nicht gar ein Studium voran. Aber was für eines mag das sein? Viele Gleichstellungsbeauftragte erwähnen gern und häufig, dass sie »aus dem pädagogischen Bereich kommen«. Das kann viel bedeuten. Zum Beispiel, dass sie mal Erzieherin waren. Oder zumindest selbst erzogen wurden als Kind. Mist, da fehlte mir die Zeit, um allein diese Programmpunkte nachzuholen. Ich müsste mich als resolute Quer- beziehungsweise Späteinsteigerin nach vorne boxen, also bei meinem Vorstellungsgespräch resolut verkünden: »Aber das war mir alles zu sehr

Kindergarten da. Ich möchte ja etwas erschaffen und gleichzeitig immer weiterlernen. Teamarbeit ist der Schlüssel und gemeinsam sind wir stark!« Dann müsste ich wahrscheinlich ein paar Fortbildungen machen. Das bisschen Buchhaltung und Jura würde ich hinkriegen, ich habe ja sämtliche Anwaltsserien aller Streaming-Portale nur so weggebingt, da rutsche ich schon rein. Dann müsste ich aufpassen, dass ich nicht versehentlich beim Yoga hängen bleibe oder ein altes Bauernhaus kaputt renoviere. Aber ich denke, dass ich das vermeiden könnte, indem ich entschlossen an meiner Legende stricke. Besser noch: stricken lassen würde, im wörtlichen und übertragenen Sinne. Das Zauberwort heißt immer noch »Delegieren«, aber man spricht es jetzt »gelebte Inklusion« aus: Ich würde also tapfere Schneiderlein*innen um mich scharen, möglichst alleinerziehende Mütter mit flinken Händen, die mir in regionaler Produktion meine raffinierten Outfits kreieren würden. Und nein, ich würde nicht so weit gehen, Filz zu tragen. Filz ist fürs Fußvolk. Ich bin die Gleichstellungsbeauftragte. Aber Herrgott, warum nicht so ein Wallewallekleid aus Rohseide, solange die Raupen, die den Stoff zusammengesabbert haben, aus einer biologischen Maulbeerbaumzucht stammen? Hauptsache, die Farben knallen. Also, für andere. Ich selbst würde dann eine leicht getönte Brille tragen, mit raffiniertem Gestell. Und zu meinen grauen Haaren stehen. Die mir nur leider noch gar nicht wachsen. Da müsste ein verschwiegener Coiffeur also alle drei Wochen in der Nuance »Granit-Aschfahl« kolorieren. Ich dürfte nicht mal im Ansatz blond wirken, sonst käme es zum Eklat. Als Gleichstellungsbeauftragte müsste ich noch härter im Nehmen und Geben sein als Meryl Streep in *Der Teufel trägt Prada*, quasi eine eiserne Lady im Pannesamtsack.

Das wäre schon mächtig anstrengend, die richtige Hülle zu basteln, und dann käme ja auch noch die Füllung dazu, die inhaltliche Arbeit. Und dieser strategische Teil wäre ja gar nicht mal so unwichtig für meinen kometenhaften Aufstieg als Gleichstellungsbeauftragte von ... ja, in welcher Stadt würde ich das eigentlich machen wollen?

Probleme mit der Gleichberechtigung gibt es ja überall, also nicht zu niedrig pokern. Köln ist vielleicht gut. Erstens wohne ich da in der Nähe, zweitens gäbe es da bei den endlosen Sektempfängen auch Bier. Andererseits fiele man in Köln in schrillen Klamotten gar nicht auf, an Karneval schon gar nicht. Dafür wäre hier die Auswahl an Scheinehemännern groß, nehme ich an. Vielleicht kann ich so einen leicht angestaubten, gut durchgescheiterten Schauspielbengel sogar von der Steuer abschreiben. Der müsste ja nix tun, außer ab und an im Hintergrund stehen, mit dem Lastenfahrrad im Anschlag, und immer so etwas sagen wie: »Für uns war es gar keine Frage, dass ich in Elternzeit gehe.« Ich bräuchte also einen Hardcoresoftie in Leinenhosen, der derart überzeugend den Papa spielt, dass die nicht vorhandenen Kinder gar nicht auffiellen. So einen großen Halbnaturburschen, um den mich alle anderen Frauen schon beneiden würden, den sie aber eben auch nicht unbedingt im Haus haben wollten, weil das Parkett gerade frisch geölt wurde und sie nicht wüssten, ob der Kerl mit oder ohne Schuhe mehr Schmutz ins Haus trägt. Apropos »alle anderen Frauen«, die sind überhaupt das Heikelste an der Sache. Ich müsste die ja gut finden und natürlich stark oder zumindest mit denen networken wollen. Obwohl ich die teilweise persönlich kenne und weiß, was für Schnarchlieschen das sind. Ich meine, sie müssen ja Schnarchlieschen sein, sonst wäre eine von ihnen ja selbst Gleichstellungsbeauftragte geworden und nicht ausgerechnet ich, die unqualifizierte Nuss.

Ich denke, die Lästereien könnte ich ertragen. Ich finde es ja in meinem jetzigen Beruf schon charmant, wenn ich über Dritte oder Vierte höre, ich hätte mich hochgeschlafen. Ja, doch, es gibt durchaus Leute, die halten mich zumindest privat für gelenkig und ambitioniert. Und dehnbare Moralvorstellungen habe ich ja tatsächlich. Schlimmer fände ich diese Arbeitskreise oder wie immer das auch heißen mag, was da stattfindet in Behörden tagsüber, also der Kram, für den sie dir als Gleichstellungsbeauftragte monatlich Geld aufs Konto überweisen. Da hockst du in deinem schönen Büro und plötzlich reißt dich eine Rundmail aus dem Schlaf. In der Betreffzeile steht: »Sommerfest«. Oder: »Weihnachtsfeier«. Oder eben der verdammte »8. März«. Und die dumme Ingrid aus der Erwachsenenbildung schreibt in GROSSBUCHSTABEN, dass wir uns dieses Jahr »MAL FRÜH« um das Rahmenprogramm kümmern müssen, weil ja auch die Aufkleber bestellt und die Gendersternchen ausgeschnitten werden müssen und blablabla. Bärbel, die nebenamtliche Streberin, schickt dann noch eine Liste rum mit all den Kabarettistinnen, die auftreten könnten bei der Sause. Ob ich, als Chefin, die nicht mal alle freundlich anschreiben könne. Klar, das wäre ja meine Kernkompetenz, mit Betonung auf »freundlich«. Zumal die Betonung in dem Satz bestimmt nicht auf »alle« läge für mich. Also dünnte ich die Kabarettistinnenliste flugs aus und schmisse die ganzen Tanten raus, die gar nicht gehen, weil: zu beschäftigt, zu teuer, zu gut, zu hübsch, zu erfolgreich, zu hochgeschlafen (wahrscheinlich), zu unpolitisch, zu politisch – und huch, wer bliebe übrig? Katinka Buddenkotte. Um Gottes willen. Diese Trulla ambivalent zu nennen, wäre ja die größte Untertreibung des angebrochenen Nachmittags, oder doch: die größte Übertreibung? Und die müsste auch noch vom Bahnhof abgeholt werden, weil die zu blöd zum Autofahren ist. Nee, Moment, die wohnt ja um die Ecke. Keine Fahrtkosten, super, da hätten wir doch was auf der Pro-Seite. Hoffentlich verirrt die sich nicht an der Bahnhaltestelle auf gerader Strecke. Muss die gefüttert werden, von uns? Das Pressefoto sagt: Nein. Gut, dann frag ich mal Katinka Buddenkotte an. Nee, das lass ich Bärbel machen. Die ist da Profi, die haut schon im Vorfeld achtzehn Mails mit null Informationsgehalt raus, da vergisst die Künstlerin dann irgendwann völlig, nach der Gage zu fragen. Obwohl: *Künstlerin*, die Buddenkotte? Na ja, sie liest halt vor, wenn sie nicht gerade stolpert, außerdem zieht die sich vorm Auftritt nicht um. Also benötigt die nicht mal eine Garderobe. Aschenbecher im Innenhof sollte reichen. Ach Mensch, bei dem Gedanken krieg ich ja fast Mitleid. Da stünde das lange Elend dann hier vor achtzig mittelalten Schlurfmamsells, die während der Vorstellung ihren Rausch vom Karneval ausschlafen wollen und sich in der Pause mit Prosecco druckbetanken. Anbei natürlich noch die Handvoll mitgebrachter Männer, die zum Sterben kommen. Nicht zu vergessen der Kulturheini, der später schreiben würde, dass Frau Buddenkotte leider nicht Herr Hildebrandt war. Und niemals werden wird. Verdammt, ich wäre zwar Gleichstellungsbeauftragte, aber immer noch ein Mensch. Ich würde die arme Buddenkotte an dem Abend retten. Und wie machte ich das? Genau: indem ich sie irgendwie besser aussehen ließe als mich. Also zöge ich unter körperlichen und seelischen Qualen meinen asymmetrischen Wickelrock an und dazu die unförmigen Holzpumps, in denen ich nicht laufen kann, und trampelte auf die Bühne. Dort hustete ich mich ein und täte so, als würde ich mich kurz vor der Rückkopplung erschrecken. Ich bedankte mich zunächst für das zahlreiche Erscheinen. Bei jedem Einzelnen. Und vor allem jeder Einzelnen. Obwohl ich alle Doppelnamen auswendig und im Schlaf kann, verhaspele ich mich dabei, aber nur so dolle, dass es nicht lustig wird. Oh nein. Niemand soll auch nur daran denken, diskret zu schmunzeln. Da hilft es, was Organisatorisches zu sagen. Also dass in der Pause eine Pause ist, aber die erst in der Pause ist, ich aber nicht genau wüsste, wann die ist. Auf jeden Fall wird es eine Pause geben, glaube ich. Gut ist auch immer zu sagen, dass alle auf Ihre Wertsachen achten sollten, wegen gewisser bedauerlicher Vorfälle. Und dass es zwar kalt im Saal ist, aber das würde schon. Vielleicht. Unbedingt sollen aber alle zum Infostand gehen, dem an der vorderen, also von hier aus der hinteren Theke. Ach. Im Untergeschoss, ja. Also, da liegen dann auch Broschüren aus, was wir sonst so machen, in der Frauenarbeit. Also bundesweit. Und dass wir Mädchen stark machen wollen, weil ... ja, bevor es spannend werden könnte, schnell mal historisch werden. Sagen, wer wir sind und warum. Und seit wann genau in diesem Hause. Vorher waren wir ja woanders. Aber wir mussten uns ja vergrößern. Weil Frauenarbeit. Ja, weiterhin wichtig. Auch in den Partnerstädten. Vor allem im Osten. Ja, wir haben ja einen Ausflug gemacht, nach Jena, lauter starke Frauen, die auch umgezogen sind. Leider in ein kleineres Haus. Aber wir sind und bleiben viele, weil doch, und ... und dann fiele mein Blick auf Katinka Buddenkotte, die augenrollend hinter dem Vorhang steht. Begreift diese undankbare Ziege denn nicht, dass ich das alles für sie tue? Damit sie gleich glänzen kann, auch wenn sie bloß bärenlangweilige Geschichten vorträgt, die länger sind als sie

selbst? Na warte, Madame, würde ich denken, jetzt zeige ich
dir mal, wie Solidarität aussieht und wer hier die Künstlerin
ist. Ich ließe das Mikro noch einmal künstlich auffiepen und
führe unfassbar monoton, aber gleichzeitig irgendwie abge-
hackt fort:

»... jedenfalls freuen wir uns sehr, dass Katharina Buwen-
lotte ... Moment, ich hole mal kurz den Zettel ... also, dass diese Frau gleich hier auf die Bühne kommt. Kurz vorweg möchte ich aber noch erwähnen, wie viel sich getan hat seit dem
Jahr 1975, als es den Ehemännern noch erlaubt war, Frauen
zu verbieten, einer geregelten Arbeit nachzukommen, und
der Bundestag beschloss, dass ich im Übrigen der Meinung
bin, dass Karthago zerstört werden sollte. Im Anschluss an
das Programm gibt es im Puff nebenan Frikadellen für lau,
wobei das meines Wissens doch mit sofortiger Wirkung ein-
tritt. Außerdem wird unser Partnerprojekt in Westeros von
dem dortigen Verband der blinden Zyklopen und Zyklop*in*-
nen unterstützt, um auch dort Mädchen stark zu machen,
denn das Pandabärenbaby ist in Honig eingelegt. Bleibt mir
noch zu sagen: Ich danke allen, die diesen Abend möglich
machen, oder gemacht haben, als da wären Bärbel Möchte-
gern-Fickdichselbst, der Ausschuss der Stadt Kölle alaaf, das
Land Xanandou und jetzt aber endlich: Die Frau, der wir den
ganzen Scheiß zu verdanken haben, sie hat auch Bücher mitgebracht, die sie am Ende der Veranstaltung bestimmt gerne
paniert. Viel Vergnügen mit: Kordula Bumsfidel! Ich überge-
be jetzt das Mikrofon, dann mich selbst, wir sehen uns dann
ja später bei einem Getränk in der Hölle. Ich bin sicher, das
wird ein ganz, ganz SPANNENDER Abend!«

Und dann applaudierte ich, leicht sarkastisch und schwach
aus den Rängen unterstützt, für Katinka Buddenkotte. Die

mich anschaute, als sei ich irre, und in ihrem Blick läge diese Mischung aus blanker Angst und unermesslichem Respekt. Eine Hochachtung, die nur von der einzigen Person im Saal stammen kann, die meiner Rede gelauscht hat, denn sie war ja auch nur für ihre Ohren bestimmt. Sie verneigte sich vor mir, als sei ich eine Busfahrerin. Ich umarmte sie noch ungeschickt und flüsterte ihr dabei ins Ohr: »Know your place, woman.« Sie würde nicken, kaum merklich. Und da wüsste ich, warum ich Gleichstellungsbeauftragte geworden bin: Allein dafür, dass Katinka Buddenkotte mich nie wieder durch den Kakao zieht, hätte es sich gelohnt. Denn nur gemeinsam bin ich stark.

Es ist ein Nehmen und Holen

Der Lieblingsfreund meines Freundes, der auch mein Lieblingsfreund meines Freundes ist, schaut mich verdutzt an: »Wie, echt jetzt?«, fragt er und ich versichere matt: »Echt jetzt.«

Seine Verblüffung hat nun Gelegenheit, sich im Raum auszubreiten. Einmal um den Tisch herum, zur Theke, am Spielautomaten vorbei, bis auch jeder in der Kneipe weiß: Ich kann kein Doppelkopf spielen. Echt nicht. Einige Gäste schauen betreten zu Boden, andere seufzen, einer lacht. Lieblingsfreund weist ihn zurecht: »Ey, das ist eine ernsthafte Lernschwäche, darüber lacht man nicht!«, und alle murmeln zustimmend, vielleicht auch entschuldigend, jedenfalls stellt der Wirt daraufhin allen ein weiteres Bier vor die Nase.

Regelmäßig überkam mich das dringende Bedürfnis, den Lieblingsfreund meines Freundes zu adoptieren. Mein Freund lehnte diese Option nie kategorisch ab, gab aber stets zu bedenken, dass sich diese gut gemeinte Rettungsaktion vielleicht gar nicht so vorteilhaft für alle Beteiligten auswirken könne. Ein fast vierzigjähriger Mann habe sich schließlich schon irgendwie daran gewöhnen können, seine Existenz in einem Kaff zu fristen. Vor allem, weil er von Geburt an nichts anderes kennt. Sicher, die Sitten auf dem Lande sind rau, aber die gute Beziehung zu seinen leiblichen Eltern, seiner Freundin, im Prinzip zur gesamten Dorfbevölkerung sowie keinerlei jemals von uns vernommene Klagen seinerseits über Festanstellung,

Gehalt und Wohnsituation, dies alles könnten Indizien dafür sein, dass sich der Lieblingsfreund bei uns auf der Klappcouch gar nicht unbedingt wohler fühlen würde als dort, wo er ist. Wir müssten uns ganz ernsthaft fragen, ob wir dem Lieblingsfreund tatsächlich ein besseres Leben bieten können, bevor wir ihn seiner gewohnten Umgebung entrissen.

»Wenn wir es nicht versuchen, werden wir es nie erfahren!«, jaulte ich. Mein Freund jaulte lauter: »Vielleicht rufen wir ihn einfach an und fragen ihn, wie es ihm so geht?«

Diese Vorgehensweise hielten wir beide dann doch für zu extrem, also einigten wir uns auf einen Kompromiss. Den wir selbst noch Stunden später, völlig nüchtern, für so unfaul hielten, dass wir ihn praktisch durchzogen. Wir sind ins Auto gestiegen und in die Provinz gefahren. Um den Lieblingsfreund in der kleinen Kneipe bei ihm nebenan aufzufinden, inmitten seines Rudels. Er wirkte hocherfreut darüber, uns zu sehen. Auf seine Frage »Mensch, das ist ja eine Überraschung, was treibt euch denn hierher?« fiel mir spontan keine ehrliche Antwort ein, die ihn, uns und sämtliche Kneipengäste nicht nur in Teilen hätte schwer verstören können. Meinem Freund schon: »Ich bin mal eben auf Klo«, unterrichtete er alle Anwesenden, der Lieblingsfreund und ich ließen uns an einem der Tische nieder. »Wir waren zufällig in der Gegend«, log ich so offensichtlich, dass der CD-Spieler hinter dem Tresen einen Schluckauf bekam. Eine peinliche Stille legte sich über die schon vorhandene. Der Wirt wechselte die CD, der Lieblingsfreund versuchte das Gleiche mit dem Thema: »Gut siehst du aus«, befand er und würdigte mein Outfit mit einem ausgiebigen Blick. Ich hatte es mit Bedacht zusammengestellt. Weder hatte ich wie ein zartes Stadtpflänzchen wirken, aber noch weniger den Eindruck erwecken wollen, dass ich mich über die vermeintliche Rückständigkeit auf dem Dorfe lustig machte. Schlussendlich hatte ich mich für jene sportlich-elegante Kombination entschieden, in der man sich jederzeit unauffällig unter die Landbevölkerung mischen kann. Vorausgesetzt, man ist ein Mann. Je länger ich dem Lieblingsfreund gegenübersaß, desto sicherer wurde ich mir, dass das Selbstbewusstsein, das man haben muss, um eine ballonseidene Jogginghose und Gummistiefel in der Öffentlichkeit zu tragen, nur linear mit einem Schnäuzer wachsen kann. Endlose Sekunden verstrichen, in denen mir bei aller Anstrengung und Veranlagung kein üppiger Oberlippenbart sprießen wollte. Bis der Lieblingsfreund vorschlug, eine Runde Doppelkopf zu spielen. Eine weitere, bis ich zaghaft zugab, dass mir die Regeln dieses Spiels fremd seien, er fragte: »Echt jetzt?«, und jetzt befinden wir uns wieder in der Jetztzeit. Echt.

In der sich mein Sitznachbar zur Linken nun erkundigt: »Aber Skat geht, oder?«

Ich schüttle den Kopf, dreimal kurz, dreimal langsam, dann noch dreimal kurz. Ein auch international wenig bekannter SOS-Code, der sich schon aufgrund von sofort einsetzenden Nackenschmerzen wohl niemals durchsetzen wird. Immerhin, das Etappenziel »nicht arrogant rüberkommen« habe ich erreicht. Was ich ja auch gar nicht bin. Wie denn auch? Bestimmt habe ich oder zumindest meine Vorfahren mehr mit diesen verschrobenen Originalen, diesen schweigsamen Kartendreschern, diesen teils doch hutzeligen Gesellen gemeinsam, als mir lieb ist. Und andersherum ja auch. Zur Absicherung unseres Nichtangriffspaktes gebe ich noch eine Lokalrunde verbale Völkerverständigung aus: »Nee, Skat auch nicht.«

Mein Freund ist bestimmt stolz auf mich, wenn er vom Klo

wiederkommt. Falls er je wiederkommt. Dann sieht er, wie gut ich mich in der Kürze akklimatisiert habe. Sogar überakklimatisiert. Noch ein Bier und ich überhutzele sie alle. Wenn ich mir dann noch die Fransenlederjacke von dem Typen am Spielautomaten schnappe, jagen die uns mit ihren Fackeln und Mistforken vielleicht direkt bis zum Auto. Dann springt der Lieblingsfreund aus reiner Panik auf den Rücksitz und ich benötige den Käscher, den ich für den Notfall mitgenommen habe, gar nicht mehr.

Der Lieblingsfreund meines Freundes schaut mich jetzt nicht mehr verblüfft, sondern besorgt an. Ich erkenne die Nuancen. Echte Sorge zeigt sich, wenn jemand dir ganz zaghaft deinen Käscher aus der Hand nimmt und unauffällig unter den Tisch fallen lässt. Dann wagt der Lieblingsfreund einen neuen Versuch, mich als durchaus sympathische oder wenigstens halbwegs zurechnungsfähige Person darzustellen. Oder wenigstens als Person. »Katinka kann dafür andere Dinge«, behauptet er forsch. »Karten sind halt nicht so ihr Ding, sondern: Worte!«

Ich nicke stumm, aber nur einmal ganz langsam. Wenn der Lieblingsfreund jetzt noch ausplaudert, was ich beruflich mache, kann ich mir die Nummer mit dem Fransenlederjackenraub sparen. Sobald hier rauskommt, dass ich Schriftstellerin bin, werden sie mich an einem Holzkreuz aufknüpfen und als Vogelscheuche auf dem Acker verenden lassen. Und sie werden damit durchkommen. Nicht nur, weil sie alle mit dem einzigen Polizisten hier verwandt sind, sondern weil ihre Verteidigung lautet: »Die hätte doch irgendwelchen Blödsinn über uns behauptet! In einem Buch! Dabei hat die doch nur irgendwelchen Quatsch studiert und keinen Tag in ihrem Leben richtig gearbeitet!« Danach: Freispruch, Freibier, Feierabend.

Bevor ich hervorbringen kann, dass ich eben nicht irgend-welchen Quatsch, sondern gar nichts studiert habe, ereilt mich eine Wortmeldung aus ungeahnter Richtung. Der Fransenle-derjackentyp hat eine Frage: »Joah, dann. Frage, wegen Wor-ten: Also, ich verwechsle das immer, aber vielleicht weißt du es ja: Wann heißt es ›nehmen‹ und wann ›holen‹? Gibt's da 'nen Trick oder 'ne Regel?«

»Was? Echt jetzt?«, entfährt es mir und alle im Raum ni-cken. Nicht halb so lange wie ich zuvor, aber doch: ernsthaft. »Ja, das ist kniffelig«, bestätigt der Wirt. »Aber ich glaube, da gibt es schon eine Art Gesetz, oder, Frau Professor?«

Ich schöpfe Hoffnung. Wenn das Wort »Gesetz« bekannt ist, können wir wie zivilisierte Menschen an dem Problem arbeiten. Wobei da noch eine Nachfrage meinerseits besteht: »Ich weiß ehrlich gesagt gerade nicht, wo das Problem liegt. Kann mir jemand einen Beispielsatz nennen?«

»Ah, sie kann gut mit Worten, aber ganze Sätze will sie von uns, die feine Dame«, ätzt es von links, der Lieblingsfreund greift ein: »Ja, okay. Beispiel: Wenn ich jetzt noch ein Bier will, sage ich dann: ›Ich nehme noch ein Bier‹ oder ›Ich hole mir noch eins‹?«

Endlich ein Punkt, an dem ich ansetzen kann: »Also, wenn du dir eins holst, dann bring mir bitte noch eins mit«, sage ich. Mein Tischnachbar notiert sich auf einem Deckel: »Bei Bier: holen, nicht nehmen.«

Der Wirt ruft: »So, wer nimmt noch ein Bier?« Mein Sitz-nachbar sieht mich wütend an, als er seine Notizen wieder durchstreicht.

Ich versuche, andere, möglicherweise interessante Themen aus dem Alltag der Landbevölkerung ins Spiel zu bringen, be-vor die Lage endgültig kippt: »Also, wenn jemand auf der Autobahn mit hundert Sachen vor euch herkriecht, was macht ihr dann? Übernehmen oder überholen?«

Die Palette der Antworten ist bunt: »Kommt drauf an«, »Erst mal hupen, um den zu wecken«, »Erst überholen, dann übernehmen«, »Also bei Fahrzeugen genau umgekehrt wie bei Getränken, richtig?«, »*Cobra, überholen Sie* – ist das nicht diese Serie, die auf der Autobahn spielt?«, »Ach, das haben die doch von den Amis übernommen?«, »Nee, das stimmt so nicht, also, das Konzept schon, aber dann wurde das generalüberholt … Oder ›generalübernommen‹?«.

So kommen wir nicht weiter, ich suche nach einem Beispiel, das mehr auf das richtige Bauchgefühl zielt, auf das natürliche Sprachempfinden. Schon um zu checken, ob mir meines endgültig abhandengekommen ist: »Leute, ganz kurz, ganz spontan: Sagt ihr ›Hol's der Teufel‹ oder ›Nehm's der Teufel‹? Nee, Moment, ›Nimm's der Teufel?‹, richtig?«

Statt vieler Antworten gibt es genau eine Gegenfrage: »Bist du etwa evangelisch?« Ich pariere schnell, sogar ohne zu lügen: »Nein, bin ich nicht, aber guter Einwurf. In der Kirche: Holt der Pfarrer die Beichte ab oder nimmt er sie ab?« Ich habe keine Ahnung, worauf ich damit hinauswill, Fransenlederjackenmann hingegen schon: »Der alte Pfarrer nimmt einem gar nichts mehr ab, den haben die abgeholt, letztes Jahr.« Bingo, sie können's doch: »Eine vollkommen richtige Aussage, geht doch!«, lobe ich zur Abwechslung mal zu früh. Alle streiten darüber, ob der alte Pfarrer nun abgeholt wurde oder er vom Weihrauch nur immer so benommen war, dass er zur Erholung in Kur musste, und hätte man da früher was unternommen, sei anzunehmen, dass es sich um hohle Gerüchte handelte, dass der Pfaffe vom Stamme Nimm sei, wobei: Wie der schon die Karten abholte, beim Doppelkopf, da wusstest du gleich, den nimmt bald der liebe Gott zu sich, holt's mir nicht übel, aber stimmt doch, oder?

»Stopp«, rufe ich. »Ihr verarscht mich doch alle, oder?«

Fransenlederjackenmann seufzt: »Na ja, nur weil du das jetzt geistig nicht aufnehmen kannst.«

»Aufholen«, schreie ich, dann: »Also, ja, es kommt drauf an. Immer. Meistens. Aber es gibt eine Regel! Sogar ein Gesetz. Ein geschriebenes, und zwar nicht von mir. Schwarz auf weiß, ich bin mir sicher. Sogar hier ...!« Fast füge ich noch »... in diesem gottverdammten Kaff!« hinzu, als mein Blick auf die Wand hinter dem Tresen fällt. Da hängt er. Nein, nicht der letzte Mensch, der versucht hat, hier einen Hauch von Bildung zu streuen, sondern der Abfuhrkalender des örtlichen Müllunternehmens. Krass, hier wird die Biotonne öfter geleert als bei uns, jeden Donnerstag, aber noch viel krasser ist: nicht an diesem Donnerstag. Da ist Feiertag. Also wird das große Müllauto schon am Mittwoch kommen und dieser wichtige Vorgang heißt, in der korrekten Amtssprache, wie es auf dem Kalender gedruckt ist: »Vorholtag«.

Ich informiere die Gemeinde, feierlich kreischend: »Morgen ist Mittwoch! Und da müssen die Biotonnen raus! Da ist nämlich ›VORHOLTAG!‹, haha! Da steht es und keiner, keiner von euch erzählt mir jetzt, dass ihr dazu ›Vornehmtag‹ sagen würdet, oder?«

Bevor wieder irgendwer irgendwas erzählen kann, kehrt mein Freund endlich zurück. Er säuselt mir ins Ohr: »Gute Nachrichten, wir müssen nicht im Auto pennen. Ich habe uns ein Fremdenzimmer organisiert, obwohl ich hier jetzt bekannt bin! So ging das, nach drei Schnäpsen. Ich habe nämlich auf dem Klo den Vetter von dem Cousin getroffen, der früher der Dorfpolizist von dem Vater des Pfarrers war, aber jetzt einen

Weinberg im Keller hat, wo damals ... ist egal. Ich glaube, ich bin betrunken. Und du wirkst auch ganz müde.«

Der Lieblingsfreund und Fransenlederjackenmann bieten dankenswerterweise an, uns die Treppe hoch in besagtes Fremdenzimmer zu tragen.

Am nächsten Morgen, früh um sechs, weckt mich ein Rumpeln. Falsch, es sind mindestens drei Rumpeln. Man sollte vor dem ersten Kaffee nicht versuchen, Plurale von Geräuschen zu bilden, sondern ans Fenster gehen, um zu schauen, wodurch sie erzeugt werden. Ich erkenne den Wirt, der seine Biotonne die Einfahrt hochschiebt. Angetan ist er dabei mit einem schicken Dreiteiler, mit Monokel und Melone. Auf der anderen Straßenseite geht Fransenjackenmann derselben Tätigkeit nach, nur dass der nun statt Fransenlederjacke Frack trägt. Der Typ, der gestern darüber lachte, dass ich kein Doppelkopf spielen kann, fährt auf einem schnittigen Einspänner vorbei und hebt dabei den Hut zum Gruß. Als die Herren mich am Fenster sehen, lächeln sie mir würdevoll zu.

Wenig später, an unserem Auto angekommen, hält uns der Lieblingsfreund schon die Wagentür auf, er trägt Smoking, Zylinder und Lackschuhe. Unter normalen Umständen wäre dies für die Tageszeit unverzeihlich, aber weil Vornehmtag ist, halte ich ihm die Hand zum Kuss hin. Zum Abschied winken wir huldvoll. Ich bin mir nunmehr sicher, dass es dem Lieblingsfreund gut geht. Ein Dorf, in dem die Kerle so einen Aufwand betreiben, nur um es besser zu wissen als die beste Besserwisserin, kann nicht ganz schlecht sein.

»Fahren wir nächstes Jahr wieder dahin?«, frage ich meinen Freund. Er findet: »Unbedingt! Sollten wir uns zumindest ganz fest vorholen.«

The Otter Slide

Ich kann mir nicht vorstellen, dass ich jemals mit dem Schreiben und Vorlesen aufhöre. Die Deutsche Rentenversicherung kann das offenbar auch nicht. Zumindest, wenn ich deren Briefe an mich richtig interpretiere. Von deren Seite aus müsste ich sogar bis weit über meinen Tod hinaus jährlich einen Bestseller produzieren, um dann ab meinem hundertsechsundzwanzigsten Geburtstag ein mittelhübsches dreistelliges Sümmchen ausgezahlt zu bekommen. Konsens ist doch etwas Schönes. Prinzipiell. Wenn dieser allerdings mit einer Behörde besteht, kann man da entweder auf einen bedauerlichen Einzelfall hoffen oder endlich handeln. Proaktiv werden, wie es heutzutage heißt. Habe ich gemacht. Nachdem ich drei Tage darüber nachgedacht habe, ob das Gegenteil von proaktiv eigentlich antiaktiv oder kontrapassiv ist, habe ich endlich mal etwas Zeitgemäßes getan, um mich um meine Altersversorge zu kümmern: Ich habe mir einen Podcast zum Thema angehört.

Zumindest eine Folge davon. Und zwar überall dort, wo es Podcasts gibt. Das ist übrigens im Internet, wie ich schließlich herausgefunden habe. Und da sind die Podcasts äußerst ungünstig platziert, meiner Meinung nach. Denn in diesem Internet ist es ja durchaus möglich, mehrere Tabs auf einmal zu öffnen. Wenn man's draufhat. Und unser Gehirn ist leider so strukturiert, dass es bei unterschiedlichen Wahlmöglichkeiten den langweiligsten Teil zuerst ausblendet. Danach den stressigsten Teil, dann den, der irgendwie unbequem klingt, gefolgt von jenem, der diffuse Kopfschmerzen erzeugt, müde macht und zu viele Wörter mit zu vielen Silben enthält. Es ist also nicht völlig unmöglich, sich einen Podcast zum Thema »Durch Teilzeitarbeit direkt in die Altersarmut? Rechtzeitige Vorsorge durch Finanzstrukturierung« anzuhören. Was davon am Ende hängen bleibt, ist halt:

»Langfristige Kapitaleinlagen eigenen sich für ... *Fischotter, die der Reihe nach eine Wasserrutsche runtersausen? Oh, sind die puschelig* ... Untersuchen Sie Möglichkeiten zum Vermögensaufbau, die Ihnen bisher unzugänglich erschienen ... *Platsch, hihihihi, da kommt der Nächste* ... Vernetzen Sie sich! Mit der optimalen Positionierung, Disziplin und dem richtigen Zeitmanagement kann ein solides Polster ... *Moment, geht das Video von vorne los oder dürfen alle Otter noch mal rutschen?* ... Wichtig ist, rechtzeitig Rücklagen zu bilden ... *Oh, die Otter rutschen jetzt in RÜCKENLAGE ... oooh!*«

Und ja, natürlich ist es ein gutes Gefühl, wenn man endlich weiß, welcher Otter wann wieder mit Rutschen dran ist. Aber dieses Wissen wird einen im Alter nicht ernähren, fürchte ich. Wer die morschen Knochen später wirklich warm und kuschelig lagern will, muss entweder jetzt ein paar Banken überfallen, die noch Bargeld horten, oder sich verdammt noch mal ernsthaft mit dem Thema auseinandersetzen.

Ich habe jetzt meinen individuellen Vorsorgeplan erstellt, mir die weltwirtschaftlichen Entwicklungen, die sozioökonomische Dynamik der letzten Jahrzehnte angeschaut, die verbleibenden Rohstoffe berechnet und bin zu dem Schluss gekommen: Ich werde wohl Otter. Und zwar ab dem Renteneintrittsalter, das dann bei etwa zweiundsiebzigeinhalb Jahren liegt. Und zwar werde ich nicht irgendein Otter, sondern *der* Otter. Mardermäßig unterwegs, mit handwerklicher Ausbildung. Habe ich immer schon mit geliebäugelt, es gab nur zwei Dinge, die mich in meiner Jugend davon abgehalten haben: die Berufsschule und das Lernen im Ausbildungsbetrieb.

Aber die Welt ändert sich. Rasant. Wir gehen immer mehr in Richtung Arbeitnehmer*innenmarkt, was nichts anderes heißt, als dass sich die Menschen immer mehr aussuchen können, was, wie und vor allem wie lange sie arbeiten wollen. Und sie bestimmen die Löhne. Zeitgleich werden händeringend Fachkräfte gesucht, und zwar auf typisch deutsche Art: Statt wirklich qualifizierten, smarten und guten Leuten aus dem Ausland eine Chance auf eine Existenz zu geben, lassen wir das mit der Bildung hierzulande frühzeitig sein und beschließen, dass die Anforderungen an die hiesige Jugend halt zurückgeschraubt werden müssen. Wer eine Tafel putzen kann, kann auch eine Wand verputzen, wer aus Atomen besteht, auch Atomendlager betreiben. Und bis zum Jahr 2049, wenn ich so weit bin, es mit richtiger Arbeit zu versuchen, wird sich die Lage noch verschärfen. Die Technologie wird sich weiterhin in Überschallgeschwindigkeit entwickeln, gerade was die Kommunikation angeht, gleichzeitig wird man aber an alten Traditionen festhalten und das elende »Made in Germany« trotzig als Gütesiegel darstellen. Daher wird statt einer Ausbildung ein handwerklicher Hintergrund genügen, sprich: Ich kann mich vor eine Fototapete mit Dampfmaschine stellen, mir selbst dann einen Meisterbrief faxen, mit Kartoffeldruck einen Stempel draufpappen und in der von mir geschaffenen Nische durchstarten, und zwar als: *Flotter Otter! – Ihre Spezialistin für nachhaltige Kunstklempnerei im Küchenspülenbereich.*

Ja, genau. Ich mache dann in Gas, Wasser, Scheiße. Nur ohne Gas. Und für den Scheiß bin ich ja jetzt schon zu alt. Ich werde dann halt noch älter und ungeheuer speziell und spezialisiert sein. Auf Wasser. Ohne Wasser geht gar nichts. Das werde ich auch immer meinen Kundinnen und Kunden sagen, wenn die versuchen, bei meinen Dienstleistungen den Preis zu drücken. Oder versuchen, die Konditionen zu verhandeln. Nein, dabei bleibe ich. Ich kann nur mittwochs ab neun Uhr und, wenn sich das Fernsehprogramm bis dahin nicht bessert, sogar bis zweiundzwanzig Uhr. Und ja, natürlich muss ich zu Hause abgeholt werden. Gerne per Lastenrad, wenn Sie es wirklich ernst meinen mit dem Umweltschutz, liebe Kundschaft! Sie können mir auch einen Wagen schicken lassen, wird dann halt teurer. Das ist mein pädagogisches Gesamtkonzept, mein höchst eigenes Maßnahmenpaket. Ich wiederhole mich gar nicht mal so ungern, daher: Arbeitnehmer*innenmarkt. Sie haben es erfasst, verehrte Vermögensteuer-Verweigernde! Oder werden es endlich erfassen, wenn Sie den *Flotten Otter* benötigen.

Ich denke, dass allein diese Vorgespräche meiner seelischen Gesundheit so guttun werden, dass ich mich selbstbewusst genug für den eigentlichen Job fühle. Am Anfang steht da natürlich die Problemanalyse. Beziehungsweise ich, vor der befallenen Küchenspüle, in meinem veganen Pelzmantel. Zuerst schüttle ich den Kopf und mache »Ts, ts, ts«, also ganz oldschool, wie ich es von den Handwerkern aus meiner Zeit kenne. Diese nostalgische Inszenierung dient dazu, dass mich meine Klientel für noch älter hält, als ich eigentlich bin. Also bringt man mir hurtig einen Stuhl. Besser: einen Sessel. Und Kaffee. Nach der achten Tasse beziehe ich die Kundschaft in meine Arbeit ein und frage, was es denn ihrer

Meinung nach sein könnte. Wenn die forsch werden und behaupten: »Na ja, der Hahn tropft!«, werde ich forscher und frage: »Und, stört's?«

Falls dies bejaht wird, weiß ich, dass ich es mit Gegnern und nicht mit Opfern zu tun habe. Mit denen kann und werde ich arbeiten. Aber spielerisch. Ich halte ihnen dann einen Dichtungsring und einen Korken hin und sage: »Wähle weise!« Einbauen müssen sie das ausgesuchte Teil dann schon selbst, meine Finger sind ja zu feingliedrig geworden von der jahrelangen Schreiberei. Aber ich stehe in beratender Funktion zur Seite, klar. »Drücken, drücken«, wenn sie den Korken genommen haben, und falls die kleinen Klugscheißer doch den Dichtungsring gewählt haben, dann halt: »Drehen. Umdrehen. Noch mal umdrehen. Und jetzt andrehen. Abdrehen. Umdrehen.« Dabei schaue ich zwischendurch immer wieder auf meine goldene Armbanduhr, die ich mir selbst zur fünfundzwanzigtägigen Betriebszugehörigkeit geschenkt habe. Wenn es nach einer Arbeitsstunde nicht hinhaut, empfehle ich, es mal mit einem anderen »Nupsi« zu versuchen. Und präsentiere mein Warenangebot, mein Merchandise. Es besteht aus allen möglichen und unmöglichen Nupsis, die ich während meiner zweiundsiebzig Lebensjahre gesammelt habe. Stichwort: ungeahnte Talente und Vermögenswerte. Sie waren alle in der Rumpelschublade. Es sind lauter Teile und Teilchen aus den unterschiedlichsten Materialen, die während meiner langen Zeit als Armaturamateurin übrig geblieben sind. Einige könnten definitiv aus dem Sanitärbereich stammen, andere warten noch auf ihre Chance, sich in der Branche etablieren zu können, obwohl sie einst in der Unterhaltungselektronik, als reine Dekorationsstücke oder als Meisenring tätig waren. So funktioniert mein nachhaltiges, kreatives Recyclingkonzept, oder wie ich der Kundschaft sage: »Wenn der Hahn tropft, muss der Bauer halt krähen, sonst bleibt alles liegen!«

Das ist der einfache Teil der Arbeit mit Wasser. Es aufzuhalten, wenn es wohin will. Der schwierige Teil ist der, wenn das Wasser nicht abläuft. Dann wird es unangenehm für den betroffenen Haushalt. Da muss der *Flotte Otter* nicht fragen, ob es stört, das weiß er schon. Stehende Gewässer in Spülen sind ein Problem, nicht nur für das Geschirr. Meist liegt es daran, dass der Abfluss verstopft ist. Oder das angeschlossene Rohr. Oder beides. Und zwar mit Zeug, dass da nicht reingehört. Die Erste-Hilfe-Maßnahme, die ich in solchen Fällen ergreife, ist: Kratzen. Und zwar am Kopf. Dreißig Minuten. Dabei sage ich: »Uiuiui. Hm. Uiuiui. Puuhhh.«

Falls das nicht hilft, greife ich zu aggressiveren Mitteln. Ich bereite den Auftraggebenden eine Mischung aus Schuld, Scham und Hoffnung, jeweils zu einem Drittel, schlecht gemischt: »Na, da hat wohl jemand was in die Spüle getan, was da nicht reingehört. Wer war denn mit dem Abwasch dran? Na ja, egal, geht mich nix an, jedenfalls ... Das ist ja nicht über Nacht passiert. Außer natürlich jemand hat gestern mit besoffenem Kopf einem Pfund Butter eine Perücke aufgesetzt und dann versucht, das enttäuschende Ergebnis hier zu ertränken. Keine Sorge, der *Flotte Otter* urteilt nicht, wir machen alle mal Fehler, und ja, es gibt Möglichkeiten, das Inferno aufzuhalten.«

An dieser Stelle meiner Rede werde ich eine kleine Kunstpause setzen, damit die Auftraggebenden spüren, dass ich auf ihrer Seite bin. Und um noch einmal in meine Notizen zu lugen, die ich mir im Vorfeld über das junge Paar erstellt habe: Er ist von Beruf Sohn eines ehemaligen Verkehrsministers, sie Erbin und ehemalige Gummitwist-Influencerin. Beide haben ein beachtliches Aktienportfolio und in ihrem Fuhrpark steht neben der üblichen SUV-Porsche-Flotte auch ein E-Auto, ein mit Wasserstoff betriebener Gelenkbus und die paar üblichen Verbrenner, die man in nicht allzu ferner Zukunft halt in petto hat als Autobahnnutzer. Und für die man eine Genehmigung erhält, wenn man eidesstattlich erklärt, dass man nie unter hundertdreißig Stundenkilometer darauf fährt.

Warum die Spülmaschine dieser beiden Highperformer im letzten Monat den Geist aufgegeben hat, ist eine Frage der gerade erloschenen Zwei-Jahres-Garantie auf das Gerät. Weshalb sie sich noch keine neue angeschafft haben, ist bestimmt der Tatsache zuzuschreiben, dass es zwar den *Flotten Otter,* aber eben auch sehr behäbige Biber in der Branche gibt. Ich lehne mich in meinem Sessel zurück und tue so vertraulich, wie ich es vermag: »Früher, *ganz* früher hätte man jetzt erst mal den Siphon abgeschraubt und geguckt, ob der Pfropf ganz oben hängt. Macht man heute nicht mehr, weil: stinkt wie Hulle. Und ehrlich gesagt pfropft es nie ganz oben. Und ganz unten gucke ich bestimmt nicht. Also müssten wir direkt mit der Spirale dran. Da müssten die Kollegen kommen. Im nächsten Quartal. Da ist es natürlich ungünstig, dass die Waschmaschine auch gekoppelt ist an das marode System. Tja, was machen wir da? Ich sehe da nur eine Möglichkeit und habe da auch schon einen Bauplan erstellt. Schauen Sie hier: Wir lassen das Rohr Rohr sein und leiten um. Über eine Rutsche, aus dem Fenster, in Ihren Pool. Ja, spülen können Sie dann immer noch nicht, aber die Rutsche ist immerhin selbstaufblasend. Die pumpt sich auf, während wir hier reden, genau. Summa summarum macht das mit dem Einbau

... vierhunderttausendundfuffzig. Ja, zuzüglich Steuern. Das ist schon eine Menge Geld, klar. Aber sehen Sie das mal so: Wenn Sie sich jetzt für ›armutsgefährdet‹ halten, dann sage ich nur: Das war ja früher jedes fünfte Kind. Heute ist es nur noch jedes dritte, nicht wahr, hahaha! Ja, kann ich mir vorstellen, dass Sie meine Witze leid sind, aber wenn Sie mich loswerden wollen, sage ich nur: Cash auf die Kralle, ha! Da ist die Kralle. Deswegen heiße ich *Flotter Otter*. Sie haben es erfasst. Nun denn, Fenster auf, bitte und ... Arrivederci, die Dame; tschö mit ö, der Herr! Und huiiiiii!«

Ich glaube, das könnte was werden. Genau gesagt, benötige ich für den Rest meines Lebens ja nur diesen einen Auftrag in meiner gesamten Karriere. Ich glaube nicht, dass mir da irgendwer im Wege stehen würde. Die Alternative wäre ja, dass ich mir weiterhin, für den Rest meines Lebens, solche Geschichten ausdenken, aufschreiben und dann auch noch vorlesen und veröffentlichen würde ...

Cantuccio

Angeblich lässt sich das perfekte Weihnachtsgeschenk für die eigenen Eltern ganz einfach berechnen, nämlich so: »Das Fest der Liebe« geteilt durch Jahresnettoeinkommen mal »Der Gedanke zählt« minus »Mist, das haben die ja schon«.

Leider geht diese Rechnung bei unserer Familie nicht auf, denn meine Eltern haben schon alles, was ihr Herz begehrt, und obendrauf noch drei kinderlose Kinder. Mit Einrichtungsgegenständen muss man denen auch nicht kommen, denn laut meiner Mutter ist die Bude voll. Mein Vater sieht da in einigen Zimmern durchaus noch Potenzial beziehungsweise Lücken, ich bin da gespalten: Meine Mutter hat eben Stil, mein Vater ist für die Brüche zuständig.

Aber auch die beste Ehe und die größte Altbauwohnung können eben nur ein gewisses Maß an *Game-of-Thrones*-Devotionalien vertragen, bevor beides zusammenbricht. Das Kochbuch »Weihnachten auf Winterfell« hat sich noch recht unauffällig ins Regal gesellt und auch der Rückenkratzer »Die Hand des Königs« nimmt ja nicht viel Platz weg. Allerdings schielte meine Mutter neulich schon etwas ungnädig auf den neuen Eierbecher meines Vaters, der natürlich eine Miniaturausgabe des »Eisernen Thrones« ist.

Es gilt also, etwas zu finden, was beiden gefällt, aber gleichzeitig auch vergänglich ist, also ohne dass meine Mutter es heimlich zum Sperrmüll schleppen muss. Vielleicht ein gemeinsames Erlebnis, an dem beide ihren Spaß hätten? Damit fällt so ein oller Jochen-Schweizer-Gutschein schon mal aus – für Paragliding oder Mit-Alpakas-durch-die-Eifel-Wandern oder eine Partner-Lobotomie oder weiß der Geier, was die da so alles anbieten. Ist ja auch immer eine Terminfrage bei meinen Eltern.

Wenige Wochen vor unserem achtunddreißigsten gemeinsamen Weihnachtsfest wagte ich einen ganz neuen Ansatz und fragte meine Eltern direkt, was sie sich denn wünschten. Mein Vater klopfte sich auf die Oberschenkel und schlug vor: »Warum nicht mal wieder etwas Selbstgebasteltes? Etwas ganz Kleines? Hauptsache, es ist mit ganz viel Liebe gemacht!« Meine Mutter ergänzte: »Also mit normal viel Liebe halt, aber der Zeitpunkt ist auch wichtig.« Sie zwinkerten so ausdrucksvoll, dass ich es nicht übers Herz brachte, ihnen zu gestehen, dass ich ihre Hinweise noch nicht vollends aufgeschlüsselt hatte. Genau genommen zermarterte ich mir das Hirn, aber Tage später fiel es mir plötzlich wie Puderzucker von der Waffel: Natürlich: Backen ist Liebe! Und wenn da eines bei wichtig ist, dann das Timing.

So steckte ich in jenem Advent all meine Liebe in Gebäck. Und da ich ganz gut verdient hatte, kam es natürlich nicht infrage, dass ich mit irgendwelchen muffigen Makronen bei meinen Eltern aufschlagen würde. So plante ich auch keine keuschen Kipferln, verbat mir unspektakulären Spekulatius und nahm Abstand von zähen Zimtsternen! Nein, ich wollte mich an die Königsdisziplin der Konditorei wagen, an die knusprigen Comtessen des Zuckerschleckens, die beim Reinbeißen entzückt »O sole mio« juchzen! Ja, ich wollte Cantuccini backen und sie sollten sich zum Feste so gülden und perfekt auf dem Weihnachtsteller meiner Eltern türmen, dass es so schiene, als würde die rote Sonne bei Capri im Meer versinken. Dabei wäre es nur mein vor Stolz geröteter Kopf, wenn ich schwer ergriffen murmelte: »Ja, die waren nicht ganz einfach, aber für euch war es mir alle Mühe wert, ihr prächtigen Prachteltern, ihr!«

Beseelt von diesem Bild legte ich los, mit den besten Zutaten und ohne Küchenmaschine. Wahre Liebe besteht nämlich zu einem großen Teil aus Handarbeit. So langte ich übermütig ins butterfeuchte Gefecht. Wobei ich zugeben muss, dass bei dem schweißtreibenden Geknete auch meine Gefühle immer gemischter wurden. So geriet wohl ein Fuder Wut in die sehr träge Masse. Es frustrierte mich arg, dass im Rezept zwar von einer Messerspitze Nelkenpulver die Rede war, die Größe des Messers hingegen dort mit keinem Wort erwähnt wurde. Im Nachhinein glaube ich, dass es kleinere Messer gibt als die aus meinem Block. Denn schon vor dem Ausrollen des klebrigen Klumpens wurde ich derartig vornarkotisiert, dass ich tatsächlich dachte, ich könnte den flutschigen Fidelio mit einem einzigen gezielten Wurf auf das Backblech donnern. Was man halt so denkt, wenn man völlig high mit beschlagener Brille durch die Küche wankt. Da wirfst und triffst du zwar auf wundersame Weise, nur leider das falsche Blech. Und zwar das, auf dem du letzte Woche Fischstäbchen gebrutzelt hast. Nun gehört mittelalte Seelachspanade nicht zwangsweise in süßes Weihnachtsgebäck, aber Spuren davon schaden auch keinem. Vor allem nicht, wenn man weiß, wie man aus einer Spur einen Hauch und aus dem Hauch die Idee einer Ahnung von mediterranem Flair macht. Um also die Fischaromen aus einem Cantuccini-Rohling herauszulocken, muss man den Teig lediglich: anfüttern. Mit mehr Mehl, mehr Zucker, mehr Mandeln, mehr

Butter, für die richtige Konsistenz sorgt zum Schluss die Zugabe von zwei Dutzend Eiern.

So wuchtete ich nur Stunden später ein ziemlich imposantes Zwischenergebnis in die Röhre. Und als ich die Ofentür so sanft wie möglich wieder schloss, hörte ich mich selber dabei flüstern: »So, jetzt machen wir es dir mal schön warm. Bis in zehn Minuten, du Goldschatz.«

Vielleicht lag es an der voranschreitenden Vernelkung meiner Sinne, vielleicht war auch endlich der wahre Geist der Weihnacht in mich gefahren. Jedenfalls folgten daraufhin die schlimmsten zehn Minuten meines Lebens. Laut Rezept nämlich stand dem wabernden Batzen nach dieser kurzen Frist die Beschneidung bevor, also das Zerteilen, ach was, das *Zerhacken* in vierundzwanzig gleich große Stückchen. Ich linste durch die Backofenscheibe. Und von der anderen Seite aus linste *er* zurück. Mir war, als zwinkere er mir sogar zu mit seinen fünfhundert Mandelaugen. Ich winkte dem noch halb rohen Teigling zaghaft und er schwappte zutraulich gegen die Scheibe. Und in jenem Moment ward mir klar, dass an diesem Tag in dieser Küche keine Cantuccini entstehen würden. Ich bin eine Buddenkotte. Wir lehnen das Diminutiv kategorisch ab, »filigran« ist für uns nur ein anderes Wort für »feige«. Wir backen auch keine Plätzchen, wir schaffen Platz! Ich legte das Beil beiseite. So buk ich den Cantuccen.

Was viele gar nicht wissen: Der gemeine Cantucc benötigt in der Brutphase mehr Zeit und Aufmerksamkeit als beispielsweise ein Pferd, das ja lebend schlüpft und dann direkt hüpft. Bei Cantuccen hingegen ist es wie beim Menschen: Da sind die Großen auch die Empfindsamsten. Bei einem doppelten Wonneproppen werden da aus zwanzig Minuten Backzeit schnell mal acht Stunden, bei sehr niedrigen Temperaturen und sehr wenig Schlaf für die Bäckerin. Danach beginnt die Aushärtungsphase, auch »die kritischen Wochen« genannt. Nur etwa fünfzig Prozent aller Riesen-Cantuccen kommen da überhaupt durch. Was leider oft daran liegt, dass andere im Haushalt lebende Personen meinen, sich in die natürliche Mutter-Keks-Bindung einmischen zu müssen. Das geht von: »Katinka, geh vom Ofen weg, du machst mir Angst« bis hin zu: »Wenn du ihm jetzt wirklich noch vorsingst, verlasse ich dich!«

Diese Eifersüchteleien muss eine Frau ignorieren lernen, wenn sie sich einmal für die Aufzucht eines Cantuccen entschlossen hat. Außerdem gibt es durchaus Kulturen, die wesentlich backwerkfreundlicher sind. So ging ich mit dem halbgaren Cantuccio täglich zum Nachbräunen in die Pizzeria nebenan, und hei, wie genoss er die schönen Stunden am Steinofen. Der Inhaber nannte ihn liebevoll »il dolce«.

Obwohl mein Freund daran zweifelte, dass meine Eltern sich über einen bilingualen Backbengel wirklich freuen würden, fuhren wir drei am Heiligen Abend nach Münster. Cantuccio krümelte leicht in seinem Kindersitz ab, aber das ist völlig normal in dem Alter. Dachte ich. Aber ach! Kaum, dass ich ihm sein Matrosenmützchen aufgesetzt und ihn vorsichtig aus dem Auto gehoben hatte, da setzte ein starker Regen ein. Alle Farbe wich aus des Cantuccen Antlitz. Seine äußere Knusprigkeit war nur eine dünne Schicht der Täuschung gewesen, eine Reflexion meines eigenen Strahlens gar. Innerlich war der zarte Keks noch ein Butterpfropf gewesen. Er war nicht stark genug für die böse Welt da draußen, die Fischstäbchenpanade hatte ihn nicht wasserfest gemacht, er war kein Seemann wie sein Großvater Käpt'n Iglu – er zerfloss in meinen Armen. Ein Brei aus Pistazien und Mandel quoll über meine Hände auf den Asphalt, ich schrie noch: »Cantuccio!«, dann brach ich wimmernd zusammen.

Meine herbeigeeilten Eltern schafften es nur mit aller Mühe, mich aus der fettigen Pfütze zu ziehen, ins Haus zu schleifen und unter die Dusche zu stellen. Als ich wenig später ins Wohnzimmer trat, schien es mir, als hätte mein Freund meine Familie schon über die Ereignisse der letzten Wochen informiert. Alle wirkten so überpünktlich betrunken. Mein Vater war schon ganz flauschig und sagte: »Ich glaube, die Wohnung ist jetzt tatsächlich voll genug, also wenn ihr alle mal da seid, ihr großen Kinder. Aus Fleisch und Blut. Das ist ja auch das schönste Geschenk.« Und als meine Mutter ergänzte: »Und so Enkel, die sind ja schon niedlich. Aber manchmal wären die auch *zu* süß, oder?«, seufzten alle zustimmend. Und obwohl Cantuccio nicht mehr unter uns weilte, wusste ich: Ich hatte endlich mal etwas wirklich Großes gebacken gekriegt.

Der Tod trägt Locken

27. Dezember, dritter Weihnachtstag: Die Gans ist verdaut, alle Kekse sind gekrümelt und auch das Fernsehprogramm normalisiert sich wieder. *Aschenbrödel* geht uns nicht mehr auf die Nüsse, *Sissi* hat sich ausgefranzt und endlich gibt es wieder Mord und Totschlag. Ich bin ein großer Krimifan und teile diese Leidenschaft mit meinen Eltern. Da geteilte Freude bekanntlich doppelte Freude ist, potenziert sich die Spannung beim Krimischauen mit ihnen auch um ein Vielfaches, nahezu Unermessliches. Denn meine Eltern sind nicht nur zwei meisterhafte Hobbydetektive, nein, gemeinsam verfügen sie auch über das Konzentrationsvermögen eines einzigen Goldfisches. Somit sind sie in der Lage, dem Geschehen auf dem Bildschirm genau dreißig Sekunden zu folgen, und zwar ohne Unterbrechung. Da sie ebenfalls beide nicht mehr so gut hören können und wollen, helfen sie ihren gelegentlichen Mitsehern immer gerne auf die Sprünge, und zwar mit liebevoll gestaltetem Bonusmaterial, einer Art Live-Audio-Kommentarfunktion, die automatisch mitläuft, sobald wir auf der Couch sitzen.

Angenommen, wir hätten da die klassische Eröffnung eines ebenso düsteren wie typischen Schweden-Krimis: Ein Volvo fährt durch die herbstliche Morgendämmerung und hält irgendwann vor einem innerstädtischen Mietshaus. Die Kamera nimmt uns mit in den zweiten Stock, hinter der dort offen stehenden Tür erkennen wir eine zu Klump gehauene

Wohnung, das weibliche Opfer liegt zu großen Teilen auf dem blutgetränkten Teppich. Nur die Fingerkuppen fehlen, dafür blickt uns der abgetrennte Kopf der Leiche aus hohlen Augen von der Fensterbank entgegen. Der Rechtsmediziner ist auch schon vor Ort und übergibt seinen Mageninhalt ausdrucksvoll der Yuccapalme.

Meine Mutter kneift die Augen zusammen und stellt fest: »Oh guck mal, die haben die gleiche Couch wie wir. Nur als Zweisitzer. Und in Beige.«

Ich: »Pschschsscht.«

Um 20:16 Uhr hege ich tatsächlich noch die Hoffnung, dass das funktionieren könnte. Die Hauptkommissarin betritt derweil die Szene, mein Vater meint: »Bah, pfui, das ist die mit dem dicken Hintern, die mag ich nicht.«

Ich: »Pssst!«

Mein Vater war aber noch nicht fertig: »Und wenn sie sich umdreht, ist es noch schlimmer. Die hat eine Stirn wie Frankenstein.«

Ich: »Das ist nicht Frankenstein mit der hohen Stirn, sondern Frankensteins Monster.«

Mein Vater: »Klugscheißer.«

Meine Mutter: »Pschscht, ich will das sehen.«

Komischerweise klappt das bei ihr. Wir sind ganz leise, bis die Kommissarin zu der Frau von der Spurensicherung etwas sagt, was ich nicht verstehen kann, weil mein Papa findet: »Die ist doch niedlich. Warum ist die nicht die Kommissarin?«

Meine Mutter rollt mit den Augen: »Buddy, es geht nicht um niedlich bei der Polizei, sondern um Köpfchen.«

Mein Vater: »Aha.«

Das zerstörte Wohnzimmer wird noch einmal in der Totalen gezeigt, die Kommissarin murmelt: »Wer tut so was?«

Mein Vater murmelt: »Ah, Köpfchen also. Verstehe.«

Aber meine Mutter geht gar nicht darauf ein, sie hat eine neue Entdeckung auf der Metaebene gemacht: »Da bin ich aber im Nachhinein doch froh, dass wir die Couch in Schwarz genommen haben. In Beige ist die ja im Nu versaut.«

Ich: »Ja, die kannste wegwerfen, wenn einmal ein Ritualmörder zu Besuch kommt ...«

Mein Vater erschrickt: »Wieso Ritualmörder? Haben die das gesagt, habe ich was verpasst?«

Ich stöhne: »Das war nur so ein Gedanke. Ich meine, es wird wohl kaum ihr Ehemann gewesen sein – mit den Fingerkuppen und so.«

Meine Mutter: »Ach, die war verheiratet? Seit wann denn?«

Mein Vater zeigt anklagend auf den Bildschirm: »Ist das der Ehemann? Das kleine Wiesel da?«

Meine Mutter und ich rollen synchron mit den Augen: »Na-hein. Das ist der Assistent, pass doch auf.«

Mein Vater: »Töh!«

Szenenwechsel, zumindest im Fernsehen. Eine skandinavische Stadt aus der Vogelperspektive.

»Ist das Stockholm?«, fragt meine Mutter.

Ich: »Nein.«

Meine Mutter: »Warum nicht?«

Ich: »Weil in der *prisma* steht: ›Ein grausamer Mord in Uppsala hält die Bevölkerung in Atem.‹«

Mein Vater meint: »Uppsala, die Post ist da«, kann damit aber nicht vollständig überzeugen.

Meine Mutter: »Die schreiben auch viel Mist in der *prisma*.«

»Dann ist es halt Stockholm«, schreie ich entnervt. Meine Eltern: »Nä, jetzt auch nicht mehr.«

Schweigen, wenn man mal von dem *neuen* Soundtrack absieht, mit dem mein Vater jedes Auftreten der Kommissarin unterlegt: Er bringt eine A-cappella-Version von »Road to Mandalay«, sprich, wann immer die arme Frau einen Fuß vor den anderen setzt, macht mein Vater: »Padam-padam. Padam-padam.«

Meine Mutter: »Buddy, wenn dir langweilig ist, dann koch doch was.«

Mein Vater: »Nä, ich will das ja sehen.«

Und wir sehen: Das Ermittlerteam im Konferenzzimmer, der Assistent will wissen, ob das Opfer Kinder gehabt hätte, meine Mutter antwortet ihm: »Nein, sonst hätten sie die Couch als Dreisitzer gekauft. Und bestimmt nicht in Beige!«

Mein Vater sieht meine Mutter bewundernd an, die tippt sich stolz an die Stirn: »Tja, Köpfchen.«

Ich will meinen Mastermind-Eltern zuarbeiten, sage: »Gut, wenn das Opfer keine Kinder hatte, können wir die als Täter schon mal ausschließen.«

Mein Vater: »Haha.«

Meine Mutter springt besser drauf an: »Iiiieh, nee! Wenn Kinder da ihre Eltern ermorden, dann guck ich mir das nicht weiter an. Das macht man doch nicht. Oder wenn die so ganz fiese Sachen anstellen, das will ich auch nicht sehen. Also mir reicht das ja schon, wenn die das nur andeuten, wie neulich, da war eine so nackig auf einem Stuhl gefesselt und dann sahst du nur, wie der Killer eine Käsereibe rausholt ...«

Mein Vater: »Haben wir eigentlich noch Käse, für morgen zum Frühstück?«

Meine Mutter nickt, erzählt aber weiter von Dingen, die man einfach nicht macht als anständiger Mörder im Fernsehen: »Häuser anzünden finde ich auch doof. Stell dir vor, da ist gerade zufällig jemand zu Besuch, der bedankt sich aber auch, ne?«

Mein Vater steht wie von der Tarantel gestochen auf: »Reibeplätzchen! Ich mach uns Reibeplätzchen!« Spricht's und verschwindet in die Küche, meine Mutter seufzt: »Der verliert doch völlig den Faden, ich schwör's dir ...«

Welcher Faden, will ich denken, aber meine Mutter boxt mir in die Seite und schreit aufgeregt: »Guckt mal, guckt mal, guckt mal! Den kennen wir doch, das ist doch der Dingens. Der singt doch normal.«

Ich beschaue mir den dunkelhaarigen Lockenkopf, der mich nicht im Entferntesten an jemanden erinnert, der normal singen könnte. Aber meine Mutter hat den Mann eindeutig identifiziert: »Das ist dieser eine, der damals bei dir in Berlin zu Besuch war, Tinka.«

Was? Ich überlege fieberhaft, wen sie da wieder durcheinandergeschmissen hat. Aber meine Mutter hat den Fall gelöst: »Ich hab's! Das ist der John Springdings.«

»Wer ist John Springdings, Mutter?«

»Der Mörder. Also, der Verdächtige, der Dingens. Wo ist der denn jetzt?«

Die Macher des Krimis haben es gewagt, die nächste Szene ohne den mysteriösen John Springdings zu besetzen. Meine Mutter ist maßlos verärgert über den mangelnden Kooperationswillen der Schweden: »Die sollen den noch mal zeigen«, befiehlt sie und überraschenderweise gehorcht ihr das Fernsehen.

Wir sehen, wie John Springdings von einem Laster überfahren wird. Blut spritzt, Knochen fliegen, meine Mutter ist begeistert: »Das war er! – Tinka, jetzt tu doch nicht so doof, das war der mit der Gitarre, bei dem se dich rausgeschnitten haben. Aus dem Video, damals in Berlin.«

Plötzlich fällt der Groschen: »Mama, das war ganz bestimmt *nicht* Bruce Springsteen.«

Meine Mutter: »Der Schpringschteeen-Bruuss, genau! Und der war wichtig. Sonst hätten se den jetzt auch rausgeschnitten, wie dich damals, oder?« Buddenkotte-Logik.

Die kann man nicht widerlegen, sondern höchstens relativieren: »Mama, die haben mich damals nicht *rausgeschnitten*, sondern mich nur von der ersten in die letzte Reihe gestellt, weil ich einen Kopp größer war als der Boss.«

Meine Mutter: »Welcher Boss?«

Mein Vater erscheint im Türrahmen: »Habe ich was verpasst?«

Meine Mutter: »Ja, der Chef ist überfahren worden. Aber frag nicht, von wem, deine Tochter quatscht ja immer dazwischen.«

Bevor ich schreien kann, ertönt ein lauter Knall, ein Schuss ist gefallen – leider nur im Fernsehen. Der Bildschirm wird komplett schwarz. Und bleibt auch so. »Wintereinbruch in Schweden«, rät mein Vater. Aber meine Mutter löst auf: »Der Fernseher ist wieder kaputt.«

Tatsache. Selbst durch intensives Rumdrücken auf der Fernbedienung und sogar durch den Einsatz des letzten Mittels – Schräghalten der Fernbedienung, weil dann die Batterien ganz anders reagieren – springt er nicht mehr an.

Mein Vater informiert mich: »Das war neulich schon mal, als dein Bruder hier war. Mitten im Film, plötzlich – wupp. Erst am nächsten Tag hat dein Bruder es geschafft, den wieder flottzukriegen. Ich rufe den gleich mal an und frage ihn, wie er das genau gemacht hat.«

»Oh, nicht nötig, das übernehme ich«, bestimme ich und verschwinde mit dem Telefon auf den Balkon. Rufe meinen

Bruder an und frage ihn ganz direkt: »Sach mal, hast du letzte Woche hier auch ganz, ganz zufällig kurz auf das Kabel getreten, um so den Fernseher ... auszuschalten?«

Mein Bruder gesteht: »Jau. Aber, Katinka, die wollen es ja nicht anders, oder? Unsere Eltern sagen doch immer: ›Kinder, wenn wir eines Tages nur noch daliegen und zusammenhangslos dummes Zeug labern, dann zieht bitte den Stecker.‹«

Buddenkotte-Logik. Da kommst du nicht gegen an.